介護施設の法律問題・
施設管理と介護サービス申請手続き

行政書士
若林美佳 [監修]

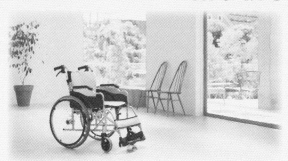

三修社

はじめに

　高齢化社会において、介護サービスを提供する施設・事業者の役割は、ますます重要になっています。需要がある一方で、介護事業者は多くの問題を抱えています。特に深刻な問題が人材の確保です。介護事業は業務内容が過酷・激務であるにもかかわらず、給与面などの待遇が低く、それに伴って離職率が高いという状況にあります。待遇の引上げや職員の離職防止なども考慮して、介護報酬改定などが定期的に見直されていますが、それだけで各施設・事業者が抱えている個別の問題が解決されるわけでもありません。それぞれの事業者が解決策を考える必要があります。

　事業として介護を考えるとなると介護事業の運営によって利益を上げなければなりませんが、利益優先が行き過ぎてしまうと、現場の不満や苦労に対する理解が二の次になっていまい、結果として事業の運営も成り立たなくなってしまうという悪循環が生じかねません。経営者は経営理念を明確にし、介護事業で働く従業員が意欲的に仕事に取り組めるような環境を整えるようにしなければなりません。

　本書は介護施設・サービス事業者が知っておくべき各種の法律問題を網羅的に解説した入門書です。入居者との契約や不払いの問題から、職員の賃金・労働時間・メンタルヘルスケアなどの労務、誤嚥、床ずれ、職員の暴力、管理の不備など施設内で生じる可能性がある事故や事故が生じたときの責任、介護報酬請求事務、入居者の財産管理、介護施設についての消防法規制、まで解説しています。5章以降では、指定事業者になるための基準や手続き、提供するサービスの種類ごとの申請書類の出し方を解説しました。サンプル書式を豊富に掲載していますので、具体的なイメージできるようになっています。

　本書が、介護施設やサービスの事業者・事務担当者の皆様の問題解決に役立てていただければ監修者として幸いです。

監修者　行政書士　若林　美佳

Contents

第1章

施設管理の基本事項

1 介護施設について知っておこう

在宅や施設でさまざまなサービスが行われる

■ 介護サービスにはどんな分類があるのか

　介護事業者（介護施設）が行うサービスにはさまざまな種類があります。基本的には介護保険制度に基づいてサービスが行われます。介護保険のサービスは大きく分けると、①居宅（在宅）サービス、②施設サービス、③地域密着型サービスに分類できます。

■ 居宅（在宅）でのサービス

　利用者が居宅（在宅）で受けることができる介護事業者のサービスは以下のとおりです。

・訪問介護

　支援を必要とする高齢者の自宅に訪問介護員（ホームヘルパー）が訪問し、必要なサービスを提供するサービスです。訪問介護には、身体介護と生活援助の２種類があります。身体介護には、トイレの利用介助や食事の介助などが挙げられます。一方、生活援助とは、掃除や洗濯など身近な世話を指します。

・訪問入浴介護

　数人の介護者、看護師などが要介護者や要支援者に対して入浴サービスを提供するサービスのことです。

・訪問看護

　主治医の指示を受けた看護師や保健師などの医療従事者が訪問して行う医学的なケアを施すサービスです。業務内容としては、血圧測定や体温測定などによる状態観察、食事、排せつ、入浴などの日常生活のケア、服薬管理、褥瘡処置などの医療処置などが挙げられます。

・訪問リハビリテーション

　理学療法士などが利用者の自宅を訪問してリハビリテーションを行うサービスです。

・居宅療養管理指導

　療養が必要な人や家族の不安を軽減するサービスです。医師や歯科医師の指示を受けた薬剤師や管理栄養士、歯科衛生士、保健師、看護師などの専門職が療養に関する管理、指導などを行うことができるようになっています。

・通所介護（デイサービス）

　日帰りの日常生活の訓練、食事や入浴の介護を施設で受けられるサービスです。通所介護は一般的にデイサービスと呼ばれ、在宅介護を必要とする人に広く利用されている介護サービスです。

・通所リハビリテーション（デイケアサービス）

　病気やケガなどにより身体機能が低下した高齢者に、継続的にリハビリテーションを施し、機能回復あるいは維持を図ることを目的としたサービスです。

・短期入所生活介護と短期入所療養介護（ショートステイ）

　短期入所生活介護および短期入所療養介護は、ショートステイと呼ばれるサービスです。介護が必要な高齢者を一時的に施設に受け入れ、短期入所生活介護の場合は食事や入浴、排せつ、就寝といった日常生活の支援を、短期入所療養介護の場合は医療的なケアを含めた日常生活の支援を行います。

・特定施設入居者生活介護

　有料老人ホームなどのケアつきの住宅のうち、特定施設として認められている施設に入居していてサービスの提供を受ける場合です。有料老人ホームへの入居という形態からすると、居宅ではなく施設でのサービスのようにも思われますが、介護保険上は居宅サービスとして分類されている点に注意が必要です。

■ 介護保険制度の施設利用

　介護保険施設は、原則として在宅で介護を受けることができない状態になった場合に利用が考えられるサービスです。介護保険施設には大きく分けると、①介護老人福祉施設（特別養護老人ホーム）、②介護老人保健施設、③介護医療院、の３種類があります。

①　介護老人福祉施設

　認知症などによって心身上の著しい障害がある人や寝たきりの高齢者の利用に適しています。施設に入所すると、作成されたケアプランに沿って、身の回りの世話や機能訓練などを受けることができます。介護老人福祉施設（特別養護老人ホームへ）の入所は、在宅で生活することが難しい状態にある人が対象で、原則、要介護度３以上でなければ入所できません。施設に入所した要介護者は、入浴や食事、排せつ、清拭や体位変換などの身の回りの世話をはじめとする日常生活上必要となる支援を受けることができます。また、要介護状態を少しでも改善し、自立した生活ができるように、機能訓練を受けたり健康管理をしてもらうこともできます。なお、一般的には特別養護老人ホームや特養といいますが、介護保険法上は、指定介護老人福祉施設と呼びます。

②　介護老人保健施設

　老健と呼ばれることもあります。リハビリテーションなどを行い、入所している要介護者が自宅で生活できる状況をめざすための施設です。医療的な管理下で看護やリハビリテーション、食事・入浴・排せつなどの日常的な介護サービスを提供することに重点をおいています。また、医療的な視野から介護サービスを提供する一方で、特別養護老人ホームと同様、要支援者はショートステイで利用する以外には介護老人保健施設に入所できません。

③　介護医療院

　病院や診療所などに入院している人のうち、介護が必要な人に対して、施設サービス計画に基づいて、必要なサービスを提供する施設で

す。療養上の管理、看護、医学的管理が必要な介護ケアの他、機能訓練や生活の場を提供します。介護の他に医療が必要な高齢者が、長期療養することが可能な施設として位置付けられています。

■ その他の施設

　介護老人福祉施設や介護老人保健施設などの介護保険施設以外にも、養護老人ホーム、軽費老人ホーム、有料老人ホームといった施設があります。

　これらの施設は利用者が入所する点では変わりがないのですが、介護保険制度上の施設サービスが行われる施設には該当しません。ただし、介護サービスが行われないわけではなく、特定施設入居者生活介護（169ページ）により、介護保険のサービスの提供が行われることになります。

・養護老人ホーム

　環境上の理由と経済的理由により、居宅において養護を受けることが難しい高齢者（65歳以上）が入所するのが養護老人ホームです。入所は、市区町村の措置に基づいて行われます。

　養護老人ホームは主に所得の低い人や虐待を受けている高齢者などを救済するための施設です。そのため、対象となる入居者は、市町村の入居措置を受けた者に限られます。

・軽費老人ホーム

　原則として60歳以上の高齢者に無料または低額で、住居や食事など、日常生活に必要な便宜を提供する施設です。軽費老人ホームには、①食事サービスを受けられるＡ型と、②自炊が条件とされているＢ型、③介護が必要になった場合に入居したまま外部の介護サービスを受けたり、特定施設入居者生活介護の指定を受けて運営するケアハウス、④都市型軽費老人ホームの４つの形態があります。

　Ａ型は入居時の所得制限がありますが、Ｂ型とケアハウスには所得制限はありません。なお、軽費老人ホームはケアハウスに統一される

ことになったため、A型とB型については、改築または新築の際には、ケアハウスへと移行されます。

・有料老人ホーム

　自らの意志で老後生活をより快適に過ごすための施設であり、老人福祉法の老人福祉施設とは異なります。申込みは直接施設に行い、利用負担については設置者との契約によります。入居対象者は施設によって異なりますが、おおむね60歳以上か65歳以上の高齢者です。居住の権利形態としては、「利用権方式」「建物賃貸借方式」「終身建物賃貸借方式」などがあります。また、サービス提供の形態としては、「住宅型」「健康型」「介護つき」といった分類があります。

地域密着型サービス

　地域密着型サービスとは、地域に住む要介護者・要支援者に向けて、市町村の指定を受けた事業者が提供するサービスです。地域密着型サービスの目的は、認知症の高齢者・一人暮らしの高齢者・支援を必要とする高齢者が住み慣れた地域で生活を続けられるようにする点にあります。

　もともとその地域（市区町村）に住む要介護者に向けて提供されるもので、認知症や一人暮らしの高齢者がなるべく住み慣れた地域で生活を続けることができるようにするために、さまざまなサービスを必要に応じて組み合わせることができるようになっています。

　地域密着型サービスには、①小規模多機能型居宅介護、②夜間対応型訪問介護、③地域密着型介護老人福祉施設入所者生活介護、④地域密着型特定施設入居者生活介護、⑤地域密着型通所介護、⑥認知症対応型共同生活介護（グループホーム）、⑦認知症対応型通所介護、⑧定期巡回・随時対応型訪問介護看護、⑨看護小規模多機能型居宅介護、の９種類があります。このうち、要支援者は、小規模多機能型居宅介護、認知症対応型通所介護、認知症対応型共同生活介護（要支援２のみ）のサービスが利用できます。

■ 地域密着型サービスの種類と特徴 ·····························

要支援者も受けることができるサービス

小規模多機能型居宅介護

■対象者
要支援者・要介護者

■特徴
24時間提供
さまざまな形態でサービスを提供
・通いが中心
・自宅への訪問・施設への宿泊
　も可能

■サービス内容
入浴や排せつ、食事などの介護
日常生活上の支援
機能訓練を行う

認知症対応型
共同生活介護

■対象者
認知症の人（要支援2以上）

■特徴
家庭的なケアを提供する住宅つきのサービス
小規模な住宅で運営されている

■サービス内容
入浴・排せつ・食事の介護
日常生活上の支援
機能訓練を行う

認知症対応型
通所介護

■対象者
認知症の人

■特徴
認知症の人専用
日帰りでデイサービスセンターなどの施設でサービスを提供する

■サービス内容
入浴・排せつ・食事の介護
日常生活上の支援
機能訓練を行う

要介護者だけが受けられるサービス

夜間対応型訪問介護

■対象者
その市町村に住む要介護者

■特徴
夜間に定期的に要介護者宅を訪れる巡回サービスを提供する
要介護者の呼び出しに応じたヘルパーが随時要介護者宅に訪れてサービスを提供する

■サービス内容
入浴・排せつ・食事の介護
日常生活上の支援

地域密着型介護老人福祉施設
入所者生活介護

■対象者
定員29名以下の特別養護老人ホームに入所する要介護者

■特徴
施設に入所して365日24時間安心して日常生活上の介護を受けることが可能

■サービス内容
入浴・排せつ・食事の介護
日常生活上の支援
機能訓練
健康管理
療養上の世話

地域密着型特定施設
入居者生活介護

■対象者
定員29名以下の特定施設に入居している要介護者

■特徴
定員29名以下の小規模な施設で市町村の指定を受けた特定施設がサービスを行う
（特定施設の指定を受けられる施設）
①有料老人ホーム
②ケアハウス・軽費老人ホーム
③養護老人ホーム
④サービス付き高齢者向け住宅
　（有料老人ホームに該当するもの）

■サービス内容
入浴・排せつ・食事の介護
日常生活上の支援
機能訓練

定期巡回・随時対応型
訪問介護看護

■対象者
その市町村に住む要介護者

■特徴
訪問介護と訪問看護を密接に連携させながら、24時間体制で短時間の定期巡回型訪問と随時の対応を一体的に行うサービス

■サービス内容
入浴・排せつ・食事の介護
療養上の世話・診療の補助

看護小規模多機能型
居宅介護

■対象者
その市町村に住む要介護者

■特徴
小規模多機能型居宅介護と訪問看護を組み合わせたサービス

■サービス内容
入浴や排せつ、食事などの介護
日常生活上の支援
医療的なケア

地域密着型通所介護

■対象者
その市町村に住む要介護者

■特徴
定員18名以下のデイサービスセンターなどの施設でサービスを提供する

■サービス内容
入浴・排せつ・食事の介護
日常生活上の世話
機能訓練

2 介護施設の組織について知っておこう

多くの施設ではユニット介護方式がとられている

■ どんな組織になっているのか

　特に、入居型の介護施設の組織構造に関しては、入居者の数や提供するサービスの内容に応じて、以下のような人員が配置されることが一般的です。医療ケア、日常生活のケア、リハビリなど、利用者ごとのニーズは多様ですので、それに応じて、介護施設は異なる分野の専門職により組織されているという特徴が挙げられます。

　まず、介護施設の施設長は、介護施設の管理者として、常勤者として必ず配置されなければなりません。また、施設利用者100人に対して1人の割合で、生活相談員がいなければなりません。

　そして、介護職員については、常に1人以上が駐在していなければならず、高齢者が利用者の多くを占める介護施設では、適切な医療サービスが提供される必要があります。そのため、看護職員（看護師、または、准看護師）を、①利用者が30名未満の場合は、1人以上配置し、②利用者が30名以上の場合は、30名を超えて50名またはその端数の利用者が増えるごとに①に1人加えた人数の看護職員を配置しなければなりません。その他、理学療法士・作業療法士・言語聴覚士・看護職員・柔道整復師・あん摩マッサージ指圧師の資格を持つ者1名を、機能訓練指導員として配置する介護施設が一般的です。

　なお、職員は、フロア専属のスタッフとして、そのフロアにいる利用者一人ひとりの健康状態や嗜好などを把握して、きめ細かく対応することが可能なように、「ユニット介護方式」という、いわばフロア専属のスタッフとして配置されるシステムが採用されていることが、非常に多くなっています。

ユニット介護方式が採用される主要なメリットとして、適切な人員配置が可能になることが挙げられます。

　つまり、介護度などに応じて、各利用者の状況に応じた体制をとることは、同時に適切なスタッフの配置を可能にします。たとえば、主に医療サービスを必要とする利用者が多いフロアには、看護職員が多く配置される必要があります。認知症の症状が出ている利用者がいるフロアには、多くの人員を配置することで、利用者の適切な介護体制をとることが可能になります。また、いつも同じ職員が担当することは利用者にとっても、安心感が増すことになります。

■ 委員会活動もある

　多くの介護施設では、職員全員が、各種委員会活動を通じて、ステップアップやキャリア形成を可能にする制度が整えられています。つまり、職員は、いずれかの委員会に所属して、1か月に1回程度の委員会において、特定の目標に基づき、全体会議などで意識を共有し、または、外部の専門家等を招いて研修などを行うことにより、職員全体のレベルアップを図ることができます。

■ 職員の主な委員会活動 ……………………………………………

主な委員会	活動内容
教育委員会	職員の研修
安全管理推進委員会	リスク管理に関する活動
感染予防推進委員会	衛生管理・感染症の予防等に関する活動
行事委員会	年間行事の企画・運営
床ずれ予防委員会	床ずれ発生の防止に関する活動
栄養管理委員会	利用者の栄養失調の防止
抑制廃止推進委員会	利用者の心身の拘束を伴うサービスの減少

3 スタッフの管理が重要になる

さまざまな職種の職員について、シフト制の中で適切な人員配置が必要になる

■ どんな職種が必要なのか

　介護施設では、さまざまな職種の人が働いています。各職種は専門職であり、それぞれが専門性のある分野を担当しつつ、1つのまとまった介護サービスを提供することが可能な体制を整えているという特徴があります。具体的には、どのような職種の人々が働いているのでしょうか。主な職種に注目して、以下のように整理してみましょう。

① 医療に関する職業

　医療に関する職種としては、医師および看護師が挙げられます。医師は、医師にしか認められていない、診断や治療などの医療行為を中心にして、利用者の健康状態を考慮しながら、他の職種の職員に対して指示を行います。たとえば、その時に応じて、利用者に必要な医療サービスを見極めた上で、看護職やリハビリ専門職への指示を行います。

　これに対して、看護師は、医学的知識を活かしたケアサービスの提供と、病院のように医師が多くない介護施設では、利用者のケアサービスの主導的役割を担います。

② リハビリに関する職業

　介護施設において、リハビリ専門職は、利用者に対するリハビリ計画の作成およびリハビリの実施を行います。具体的に、理学療法士・作業療法士・言語聴覚士・臨床心理士などが挙げられます。

　専門的リハ（心身の機能を維持し、自立した生活を送るために必要な機能訓練など）の提供、他職種も含めて実践する生活機能向上プログラムの指導を行います。

③　介護職員

　介護福祉士は、主に日常的な介護サービスの提供を行います。日常生活に、何らかの支障を持った利用者が多い介護施設では、もっとも人数が多い職種です。そのため、移動・食事・清潔などに関する日常的なケアを提供する主役となっています。また、ベッドから車いすへの移乗や歩行補助から、生活を送る上で必要な買い物に至るまで、日常的な家事全般に関するサポートを行い、利用者の快適な生活を支えています。介護職員には、国家資格である介護福祉士の他にも、ヘルパー資格保持者などが挙げられます。

④　介護支援専門員（ケアマネジャー）

　介護支援専門員（ケアマネジャー）は、利用者の希望にあわせて、提供する介護サービスの利用方法などの調整を担います。介護支援専門員は、すでに他の医療・福祉系職種を持っている人だけが資格試験に合格することでなることができる専門職です。

⑤　その他

　以上の専門職の他には、介護施設の事務を担当する事務職員や、利用者に提供する食事を作る調理師等が挙げられます。

■ どんな特徴があるのか

　介護施設における労働環境にはさまざまな特徴があります。

　まず、各種異なる専門職を持つ職員は、常勤職員・パート職員・契約職員・派遣職員など、職員ごとに異なる雇用形態で雇われているということが挙げられます。

　勤務時間は24時間体制が要求されることもあり、一人の職員の仕事効率の向上が必要になってきます。また、過酷な職務であることが多いために、離職率が高いことがあげられています。そのため、業務への定着が課題であるといわれています。

　なお、最近では、施設で家のように過ごせるように図られている施

設が増加していることから、利用者ごとに専任の職員が担当することができるユニット型施設への移行が進んでいます。

■ 最低限確保しなければならない人員基準がある

　介護施設のうち、介護付有料老人ホームは、一般に、3人の要介護者に対して、1人以上の介護、または、看護の職員を配置することが義務付けられています。この最低基準では、入居者3名（要介護者）に対して1名を配置するとされています。したがって、これを単純に表記すると利用者と職員の割合は、「3：1」となります。また、要支援の利用者の場合は10名に対して、看護職員と介護職員を合わせて1名と定められています。

　もっとも、要介護者に対して、24時間中、常に1名の職員を配置しなければならないわけではありません。ここで、常勤換算という考え方が用いられています。つまり、1日8時間働いて週5日勤務の40時間を基準とする常勤換算を用いると、実際には要介護者10名に対して、

■ 特別養護老人ホームの人員基準 ……………………………………

人　員		配置基準	
①	医　　師	入所者に対して健康管理・療養上の指導を行うのに必要な人数	
②	生活相談員	入所者数が100名に対して1名以上	
③	介護職員・看護職員（看護師・准看護師）	【総数】：入所者数が3名に対して1名以上	
		看護職員	入所者数30名以下：1名以上
			入所者数31～50名以下：2名以上
			入所者数51～130名以下：3名以上
			入所者数131名以上：4名（入所者50名増加ごとに1名増加）
④	栄養士または管理栄養士	1名以上	
⑤	機能訓練指導員	1名以上	
⑥	介護支援専門員	入所者数が100名に対して1名以上	

職員１名程度が最低基準といえます。

■ シフト勤務体制をとっている

　介護の仕事をする場合、前もって勤務体制を把握しておかなければなりません。そもそも、介護は24時間体制で仕事することが多いようです。そのため、介護施設では、４交代制というシフトを採用している場合が多くなっています。つまり、①午前７時頃から午後４時頃まで（早番）、②午前９時頃から午後６時頃まで（日勤）、③午前11時頃から午後８時頃まで（遅番）、④午後５時頃から翌午前10時頃まで（夜勤）という４つの時間帯を基本に、シフトを決定していくことになります。いずれの時間帯であっても、適切な休憩時間を設けなければなりません。

■ シフトの編成と要員配置がポイントになる

　多くの施設では、人手を多く必要とする時間帯には、多くのスタッフを配置する体制をとっています。ほとんどの施設では、１日の中でも食事や入浴の対応などの人手が多くかかる時間帯にスタッフを増やし、夜間は少人数の体制で対応している介護施設が多いようです。

■ 有料老人ホーム（特定施設入居者生活介護）の人員基準 ………

人　　員		配置基準	
①	生活相談員	入所者数が100名に対して１名以上	
②	介護職員・看護職員 （看護師・准看護師）	【総数】：入所者数が３名に対して１名以上 ※介護職員は常に１名以上の確保が必要	
		看護職員	入所者数30名以下：１名以上
			入所者数31名以上：１名＋入所者50名増加ごとに１名以上
③	機能訓練指導員	１名以上	
④	計画作成担当者	１名以上（入所者数が100名増加ごとに１名以上が基準）	

4 介護施設の事業収入はどのようになっているのか

介護報酬と利用者が負担する実費負担という2種類の事業収入を得ている

■ 介護報酬と実費負担から構成されている

　介護施設が得る事業収入は、大きく分けて、介護報酬と実費負担とに分けることができます。

　介護報酬による収入とは介護保険の施設介護料による介護報酬収入をいいます。利用者が保険給付の介護サービスを利用した場合、サービス費用の原則として1割を利用者が負担することになり、9割が介護保険から支払われることになります（ただし、一定以上の所得者は2割または3割を利用者本人が自己負担）。これに対して、実費負担による収入とは、利用者自身が負担する金額を指します。介護サービス自体ではありませんが、たとえば入所型の介護施設を利用する場合などには、水道・光熱費等の費用が必要になります。これらは、原則として、介護保険からの支給により賄うのではなく、利用者自身が負担しなければならない金額です。もっとも、利用者の中には、所得が低い人がいるため、一律に自己負担としてしまうと、介護施設を適切に利用する機会を奪ってしまうことになりかねません。

　そこで、生活保護を受給しているなどの、利用者が置かれている状況に応じて、自己負担額部分についても、利用者が公費による支援を受けて、介護施設側に料金を支払う場合もあります。

■ 介護報酬について

　介護報酬とは、介護保険制度において、介護サービス事業者や施設が、利用者にサービスを提供した場合に、サービスの対価として事業者に支払われる報酬のことです。したがって、介護サービスの直接の

値段ということができます。

　原則として介護報酬の１割は利用者が負担し、残りの９割は保険料と公費により賄われている介護保険から支給されます。

　介護報酬に関しては、厚生労働大臣が、社会保障審議会の意見を聴いて定めることになっています。在宅サービス12種類、施設サービス４種類、地域密着型サービス９種類、その他、ケアプランの作成という合計26種類の介護サービスについて、利用者の要介護度やサービスにかかる時間別に、単価が定められています。この単価は単位と呼ばれ、１単位は約10円に設定されています。

　介護報酬は３年ごとに見直されることになっています。令和３年度の介護報酬改定においては、感染症や災害が発生した際にも利用者への安定的・継続的なサービスが提供できる体制の構築、住み慣れた地域において提供される取り組みとして、地域包括ケアシステムの推進、リハビリテーションなどの取組強化による自立支援・重度化防止、介護人材の確保、制度の安定化の確保等が図られました。そして、賃金・物価の状況、介護事業者の経営状況などをふまえて、全体的に介護報酬は平均して0.7％の引上げが行われました。

■ 利用者から徴収する実費にはどんなものがあるのか

　実費には、主に居住費・食費・その他日常生活に必要な費用が含まれます。居住費は、施設や居室のタイプにより異なり、多床室よりも個室の方が高く設定されています。そして食費は、主に施設で提供される食事にかかる費用のことです。

　なお、その他日常生活費として、電話代や理美容代、新聞・雑誌などの項目・料金が設定されていますが、これらは施設ごとに異なる料金体系が設けられています。

事業者の監督体制について
知っておこう

都道府県等による集団指導や運営指導による指導・監督を受ける

■ 介護施設は運営基準を満たしていなければならない

　介護施設は、省令によって、介護施設として最低限度必要な基準が定められています。介護施設が、この基準を満たすことができない場合には、介護施設としての指定を受けられず、また、運営開始後に省令に違反することが明らかになった場合には、都道府県知事の指導等の対象になり、指導等に従わない場合には、指定が取り消されることがあります。具体的な基準としては、人員基準、設備基準等が定められていますが、これと共に省令に規定されているのが運営基準です。

　運営基準の主な内容として、省令は約30項目を掲げていますが、主なものを取り上げると、以下のようにまとめることができます。

① 　適切な入浴・食事・日常生活支援など必要なサービスが行われていること

② 　利用希望者に対して、事前に受けることができるサービスの内容を説明し、同意を得た上でサービスの提供を行っていること

③ 　入・退所等のサービス提供の記録を、利用者の被保険者証に記載すること

④ 　現物給付以外のサービス内容について、サービスの具体的な内容や費用等を記載したサービス提供証明書を交付していること

⑤ 　緊急時など、やむを得ない場合に利用者の身体を拘束する際には、その態様・時間・心身の状況・拘束の理由を記録として残していること

⑥ 　利用者ごとに最適なサービス計画を作成していること

⑦ 　サービス計画に基づき提供したサービスの内容等を記録して、適切な期間保存していること

■ 事業者はどのように監督されるのか

　介護施設が適正に介護サービスを運営しているか否かについて、主に都道府県・市町村が指導・監督を行います。

　都道府県・市町村が行う指導・監督の方法は、主に集団指導と運営指導の2種類に分けることができます（令和4年度より一部オンラインでの実施可）。

　集団指導とは、主に介護保険制度の根本的な管理を主眼に、介護施設に対して行う指導・監督のことです。

　具体的には、介護保険法の趣旨・目的を周知すると共に、監査指導の権限行使の考え方、事業規制、情報の公表制度のしくみなどの説明を通じて、介護保険法の趣旨・目的の理解を促すことを目的に指導等を行います。

■ 特別養護老人ホームの設備・運営基準 ……………………………

設　備			主な運営基準
居室	定員：原則1名 床面積：原則10.65㎡以上	①	施設サービス計画の作成
静養室	介護職員室・看護職員室に近接して設置	②	入所者の自立支援・日常生活の充実に必要な介護の提供
浴室	入浴に適したもの	③	栄養・入所者の心身の状況・嗜好を考慮した食事の提供
洗面設備	居室のある階ごとに設置	④	相談および援助の実施
便所	居室のある階ごとに居室に近接して設置	⑤	社会生活上の便宜の提供
医務室	必要な医薬品・医療機器等を備える	⑥	機能訓練の実施
食堂・機能訓練室	合計面積3㎡×入居者数以上	⑦	健康管理に必要な措置
廊下幅	原則1.8m以上	⑧	衛生管理に必要な措置
消火設備等	必要な設備を設置	⑨	苦情処理に必要な措置

近年、介護報酬を請求しながらも、実際には適切な介護サービスを提供していなかった事業者の存在が明らかになる、という事例が複数散見されました。そこで、介護報酬請求に係る過誤・不正を防止するために、都道府県国民健康保険団体連合会と連携した介護報酬請求事務の講習等も、集団指導の一環として行われています。

　これに対して、運営指導とは、介護サービス事業者の事業所において行われる指導・監督を指します。

　運営指導の前提として、国および都道府県は、介護施設に対して、帳簿書類の提示等を求めることができ（市町村においては文書の提示等を請求できます）、介護施設から報告の徴収を行うことができます。

　そして、運営指導では、特に介護行政における重要課題でもある高齢者に対する虐待防止・身体拘束廃止等に関する運営上の指導を行います。また、不適切な報酬請求を防止するため、報酬請求上において、特に加算・減算すべき事項について重点的に指導を行います。

■ 運営指導はどのように行われるのか

　運営指導は、原則として指定した更新期間内に一度、都道府県から担当者が派遣され、介護施設に出向き、適正な事業運営が行われているのかを確認する目的で実施されます。基本的な指導・監督の基本方針は、計画されたケアマネジメントや、コンプライアンスにのっとった業務を行っているのかという観点から、よりよい介護サービスの提供の実現をめざして行われます。

　運営指導の内容については、①介護サービスの実施状況指導、②最低基準等運営体制指導、③報酬請求指導があります。①の介護サービスの実施状況指導では、高齢者の虐待防止と身体拘束廃止などの観点から、それらの行為等が与える影響について理解してもらい、防止のための取り組みを促進するために行う指導・監督を行います。そして、③の報酬請求指導では、報酬請求は算定基準に適した請求が行われて

いるのかについて、ヒアリングなどを行うことで確認し、不適正な請求の防止を行います。

　運営指導は、サービス内容や職員配置といった入居者の処遇に問題がないか確認するため、定期的に実施しますが、原則として必要な書類を介護施設にそろえる準備期間を与えるために、事前に介護施設に運営指導を行う旨を通告した上で実施します。なお、より利用者を保護する上で緊急性が高いような場合には、目的等を文書で示せば、抜き打ちで介護施設の運営指導を行うことができます。

■ 最悪の場合には指定取消もある

　運営指導で重大な問題が発見された場合には、運営指導が「監査」に切り替わります。つまり、監査により、当該介護施設に対して、勧告・命令等の処分を検討すると共に、問題が悪質であると判断された場合には、指定等の取消を受けることになります。指定が取り消されると、当該介護施設は、介護事業を続けることができなくなります。

■ 有料老人ホーム（特定施設入居者生活介護）の設備・運営基準

設 備		主な運営基準	
建物	原則：耐火建築物または準耐火建築物	①	特定施設サービス計画の作成
居室	定員：原則1名	②	入所者の自立支援・日常生活の充実に必要な介護の提供
一時介護室	介護を行うのに必要な広さが必要	③	健康管理に必要な措置
浴室	身体の不自由な方の入浴に適していること	④	相談および援助の実施
便所	居室のある階ごとに設置	⑤	利用者の家族との連携等
食堂・機能訓練室	適当な広さを持つこと	⑥	利用者に適切なサービスを提供するための勤務体制の確保等

6 介護施設での契約にはどんな ものがあるのか

介護施設の利用形態に応じて、いくつかの利用タイプに分かれている

■ ケースごとに受けられるサービスの種類が違う

　介護施設から受けられるサービスは、主に5つの種類に分けること ができます。

① 自宅に職員が訪問するタイプ

　訪問介護員（ホームヘルパー）が利用者の自宅を訪問して各種支援 を行うサービスです。訪問介護、訪問入浴介護、訪問看護、訪問リハ ビリテーションといったサービスがあります。

② 施設に通ってサービスを受けるタイプ

　主に、自宅にこもりがちの利用者が孤立感を持たずに、心身機能の 維持や家族の介護の負担軽減などを目的として、施設に通所すること によって実施するサービスです。

　利用者は、施設で、食事や入浴などの日常生活上の支援や、生活機 能向上のための機能訓練等を日帰りで受けることになります。

　なお、療養通所介護といって、常に看護師等による観察が必要な、 難病・認知症・脳血管疾患後遺症等の重度要介護者、または、ガン末 期患者を対象にしたサービスを行う施設もあります。

③ 自宅訪問、施設への通所・宿泊を組み合わせたタイプ

　利用者の選択にあわせて、施設への「通い」を中心に、短期間の施 設への宿泊や、利用者の自宅への訪問を組み合わせて、家庭的な環境 と地域住民との交流の下で日常生活上の支援や機能訓練を目的に行わ れるサービスも存在します。

④ 施設に短期間宿泊するタイプ

　短期入所生活介護も、通所が基本のサービスと同様で、利用者の孤

立感の解消や心身機能の維持回復・利用者の家族の負担軽減などを目的に実施されるサービスです。特に、介護老人福祉施設（特別養護老人ホーム）などでは、常に介護が必要な利用者の日常生活上の支援や、機能訓練などを行っています。

⑤ 主に施設等で生活するタイプ

　たとえば、介護老人福祉施設（特別養護老人ホーム）は、入所者が可能な限り在宅復帰できることを念頭に、常に介護が必要な人の入所を受け入れ、日常生活を送ることができるよう、施設において集団の中で生活する中で、リハビリテーションや必要な医療、介護などを提供するサービスです。

■ 在宅サービス利用契約・施設入居契約を結ぶときの注意点

　介護保険サービスを利用する場合、通常は、利用者と事業者とが契約することになりますが、事業者は契約書や説明書などの書面によって詳しい説明をして、それに対して利用者が合意した場合に契約が締結されます。利用者は、特に事業者が説明する契約内容について、よく確認する必要があります。施設への入居契約の締結の際には、重要事項説明書に基づいて、事業者の施設担当者から説明を受けて、入居に際し必要な費用や、居住空間、浴室・トイレ・食堂などの、施設内の設備や機能性等を確認する必要があります。

■ 重要事項説明書の説明から契約へ

　介護サービスを利用するには、要支援者や要介護者とサービスを提供する事業者との間で契約を結ぶ必要があります。こうしたことから、事業者側は重要事項についての規程を定めることが義務付けられています。重要事項とは、事業の目的や運営方針、スタッフの職種・職務内容・配置人数、サービス内容、利用料金や費用、営業日と営業時間、サービスを提供する地域、緊急時や事故発生時の対応方法などです。

事業者は、契約に先立って重要事項説明書を利用申込者に渡した上で説明しなければなりません。

■ 費用について

　介護保険サービスを利用した場合の利用者負担は、介護サービスにかかった費用の1割負担が原則です。仮に1万円分のサービスを利用した場合に支払う費用は、1000円ということです。

　介護保険施設に入所等するタイプの利用契約を結ぶ場合には、その他に、居住費・食費・日常生活費の負担も必要になります。

　居宅サービスを利用する場合は、利用できるサービスの量（支給限度額）が要介護度別に定められています。限度額の範囲内でサービスを利用した場合は、原則として1割の自己負担ですが、限度額を超えてサービスを利用した場合は、超えた分が全額自己負担になります。

　入所の場合、個室や多床室〔相部屋〕など住環境の違いによって自己負担額が変わります。たとえば、1か月で、施設サービス費の1割約2万5000円、食費4万2000円など、合計約10万円もの費用が必要になります。

■ 在宅サービスの利用料の自己負担額・目安 ……………………

要介護（支援）状態区分	支給限度額	利用者負担限度額（1割）	利用者負担限度額（2割）	利用者負担限度額（3割）
要支援1	50,320円	5,032円	10,064円	15,096円
要支援2	105,310円	10,531円	21,062円	31,593円
要介護1	167,650円	16,765円	33,530円	50,295円
要介護2	197,050円	19,705円	39,410円	59,115円
要介護3	270,480円	27,048円	54,096円	81,144円
要介護4	309,380円	30,938円	61,876円	92,814円
要介護5	362,170円	36,217円	72,434円	108,651円

※支給限度額・自己負担額の数値は令和元年10月1日以降の数値

7 介護施設をめぐる法律問題を おさえておこう

不当な契約は無効・取消となるので注意する

■ 契約者の意思能力の有無が大切になる

　介護サービスを利用する場合は、原則として、介護サービスの利用者自身が、介護施設との間で直接契約を結ぶという建前が採られています。そして、一般に高齢である介護サービスの利用者が契約当事者であることから生じる問題が、意思能力をめぐる問題です。

　契約は当事者間の合意によって成立しますが、その前提として当事者には自分の行為の結果を明確に認識し、それに基づいて自ら決定することができる能力（意思能力）が必要です。民法では、意思能力を欠く人による契約等の法律行為は無効であると定めていますから、意思能力の有無は、契約の成立に関する重要な問題です。

　意思能力の有無は画一・形式的に判断するのではなく、個々の契約ごとに個別・具体的に判断されますが、一般的な基準としては、10歳未満の幼児や泥酔者、重度の認知症や精神疾患のある人などには意思能力がありません。介護施設を利用する方は高齢者が多く、意思能力の有無が問題となることが少なくありませんので、意思能力がない状態で介護施設との契約を結んでいる場合も少なからずあるのです。

　意思能力を欠く利用者が契約を結ぶときは、その親族などが代理人として契約を結ぶことになりますが、利用者の代理人として契約を結ぶには、本人から契約に関する委任を受ける（委任契約を結ぶ）必要があります。しかし、委任を受けた時点で本人に意思能力がない場合は委任契約が無効になりますので、成年後見制度（145ページ）に基づき選任された後見人等が代理人として契約を結ぶことになります。

　なお、高齢者本人に意思能力があっても、単独で有効に契約を結ぶ

までの判断能力がない場合もあります。この場合も、本人を保護する
必要があることに変わりはないため、成年後見制度を活用して後見人
等が代理人として契約を結ぶことになります。

■ 契約内容が不当なものでないこと

　株式会社など、さまざまな事業者が運営することができる有料型の
介護施設の利用契約に関しては、比較的自由に契約の内容を決定する
ことができるため、利用契約の法的性質やその内容は一義的ではあり
ません。したがって、「入居希望者への情報提供が不十分である」「契
約内容が途中から利用者の意向に関係なく変更された」「契約の解消
方法などが利用者にとってわかりにくい」などの、契約をめぐるトラ
ブルが生じやすい構造になっています。

　その中でも、特に入居一時金をめぐるトラブルが多く発生していま
す。介護施設の利用契約に基づき、利用者から事業者に対して高額の
入居一時金が支払われることがあります。しかも、入居一時金という
名称に限らず、入居金・入園金・入会金・保証金など、さまざまな名
称で徴収されています。金額もさまざまで、場合によっては数千万に
達するような非常に高額の支払いが利用者に求められています。

　しかし、入居一時金の使途などは必ずしも明確でなく、介護施設の
維持・管理の費用や人件費に使われていることが多いようです。そこ
で、たとえば、利用期間の途中で契約を解消したり死亡などの事情が
発生した場合には、入居一時金の一部について利用者やその家族が返
還してもらえるものと期待していたところ、事業者が一切の返還に応
じないというタイプのトラブルも報告されています。

■ 不当な勧誘により締結された契約は取消しができる

　入居一時金などの費用の負担はもちろん、事業者は利用者に対して
契約内容に関する十分な説明を行い、契約内容を利用者に理解しても

らった上で、双方が納得して契約を結ぶことが求められます。

民法においても、事業者側による詐欺や強迫が原因で契約を結んでしまった利用者は、その契約の取消ができます。しかし、取消の要件を充たすこと（詐欺や強迫があったことなど）について利用者側が証明しなければならないなど、利用者側の負担が大きいといえます。

そこで、消費者契約法は、事業者との間で契約を結ぶ消費者を保護するため、より緩やかな要件で契約の取消を可能としています。これを消費者取消権といいます。たとえば、事業者が消費者である利用者に対して、契約の締結に際して重要事項につき事実と異なることを告げたり、不確実な事項につき断定的な判断を提供した場合、利用者には消費者取消権が認められます。また、利用者が事業者に勧誘場所からの退去を求めたのに事業者が退去せず、あるいは勧誘場所から帰りたいと言っているのに帰してもらえず、それらの結果として契約を結んだなど、利用者が困惑して契約を締結した場合も、利用者に消費者取消権が認められます。

これらの規定は、事業者の行為が民法の規定する詐欺・強迫に該当しない場合でも、より広く利用者に契約の取消権を認める点で、利用者保護に厚いといえます。しかし、取消権の対象になる事業者の行為は限定されており、利用者保護が十分とまではいえません。

■ **不利益事実の不告知（消費者取消権の対象例）**……………………

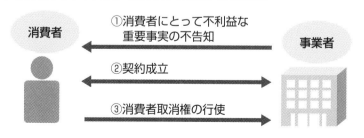

正確・詳細な重要事項説明書を作成すると共に利用者の健康状態に注意する

■ 契約内容の重要事項を契約前に説明する

　介護施設利用契約は、利用者と事業者との間で契約を結ぶという建前になっており、契約内容が明らかになっていることが利用者にとって重要です。特に利用者は高齢者であり、判断能力が減退していることも考えられるため、契約内容がわかりやすい状態で示される必要があります。こうした点から、事業者は介護施設利用契約に関する重要事項を記載した書面または電磁的記録（PDFデータなど）の作成が義務付けられています。これを重要事項説明書といいます。重要事項とは、事業目的や運営方針、職員の職種・職務内容・配置人数、提供されるサービスの内容、利用料金や費用、営業日と営業時間、サービスの提供地域、緊急時や事故発生時の対応方法などです。

　特に利用者にとって関心がある重要事項は、①入浴、排せつまたは食事の介護、②食事の提供、③洗濯・掃除等の家事の供与、④健康管理の供与、⑤安否確認または状況把握サービスなどを、どのように実施しているのか（または実施していないのか）が挙げられます。

　また、事業者は、契約に先立って重要事項説明書（利用申込者の承諾があるときは電磁的記録でもよい）を利用申込者に交付した上で、記載内容を説明することが義務付けられています。重要事項説明書には、上記の①～⑤に加え、事業者と利用契約を締結するかどうかを判断するに際して重要な情報が記載されています。

　たとえば、介護施設に関する情報としては、上記の①～⑤の情報に加え、事業者（事業主体）の名称・所在地・代表者など、介護サービスを提供する施設の名称・所在地・連絡先など、職員の常勤・非常勤

の区別、職員数と職種経験年数、資格者の有無などの情報が記載されます。利用申込者の視点からは、職員が常勤であるか否かや、担当する職務に制限があるか否かなどは、外見からは判断できない施設側の事情ですから、わかりやすい記載を心がける必要があります。

　また、介護サービスの内容やその利用料金についても、利用申込者がしっかりと確認できるように明示しておくことが必要です。特に利用料金についてはトラブルが多いので、金額と内訳、支払方式（全額前払い方式、月払い方式など）、キャンセル料などについて明示されているかを確認しましょう。また、解約や更新についてもわかりやすく明示しているのかどうか、チェックする必要があります。

■ 有料老人ホームの重要事項説明書

　有料老人ホームへの入居を検討している高齢者などが施設を選ぶ際には、いくつかの候補を挙げてパンフレットを取り寄せ、これを比較検討するのが通常です。しかし、パンフレットに掲載されている施設の居室の写真が気に入ったから契約を結んだのに、実際に入所してみたら写真とは全然違う居室であった、といったような苦情も頻繁に聞かれます。また、居室が個室だと思っていたのに、実際には共同部屋に仕切りをつけて区切っているだけの場合もあります。パンフレットの表現には十分注意する必要があるでしょう。

　有料老人ホームのパンフレットは、その構成上大まかなことしか記載されないのが通常です。重要事項説明書は、有料老人ホームに関する情報を正確かつ詳細に記載したもので、全国共通の様式で作成されています。具体的には、次のような情報を記載します。

① **事業主体概要（事業者に関する事項）**

　事業主体の名称、代表者名、所在地、資本金、設立年月日、主な出資者、主要取引銀行などを記載します。

② 施設概要

施設名、施設類型、入居時の要件、介護保険適用の形態、介護職員の体制、建物概要などを記載します。

③ 職員体制（従業者に関する事項）

職種別の職員の人数（常勤換算後の人数を含む）、有資格者数、夜勤職員数、前年度1年間の採用数・退職者数などを記載します。

④ サービスの内容

提供される介護サービス、生活支援サービス等の内容、介護・医療体制、苦情窓口の設置状況などを記載します。

⑤ 入居状況

入居者の実数・定員・属性、要介護者数、前年度の退去者数などを記載します。

⑥ 利用料金

入居一時金、返還金、初期償却率・償却期間、月額利用料、一時金返還金の保全措置などを記載します。

■契約時には親族にも立ち会ってもらう

利用者が高齢者である介護施設利用契約においては、場合によっては利用者が判断能力を失っているために、後になって結んだ契約が無効になるというトラブルが生じるおそれがあります。

このようなトラブルを回避するには、成年後見制度（145ページ）を活用し、利用者の代理人として後見人等（家庭裁判所が選任します）が事業者との間で契約を結ぶ方法もあります。しかし、成年後見制度を利用しない場合であっても、契約時に親族等に立ち会ってもらうことが大切です。成年後見制度を利用しなければならない程、利用者が判断能力を失っているわけではないとしても、事業者による説明を利用者が十分に理解していない場合などは、立ち会った親族等の助けを受けることで説明を理解する助けになることもあります。また、

後から「そんな説明は受けていない」と利用者が主張し、トラブルに発展するのを防ぐために、親族等に立ち会ってもらうことで、親族等にも事業者からの説明を聞いてもらうことができます。これにより「言った」「言わない」というタイプのトラブルを防ぐことができます。

入居者の健康状態などを確認する

利用者に判断能力があるかどうかは、外見からは明らかでない場合が多いです。しかし、契約時に利用者が判断能力を失っていれば（意思無能力）、契約自体が無効になります。事業者としては、利用者の言動におかしな点はないかなど、利用者の健康状態に十分注意し、重要事項説明や契約の手続きを進めていくことが必要です。

日頃からサービス内容を記録しておく

介護施設利用契約をめぐるトラブルとして、利用者が「当初期待していたサービスを受けることができない」という内容の苦情等を主張する場合があります。このような苦情等が寄せられないようにするための事前の防止策として、事業者としては、利用者に提供するサービスに関して細かく記録を残しておく必要性が挙げられます。

■ 有料老人ホームの重要事項説明書に書かれていること …………

① 有料老人ホームの事業主体（運営主体）
② 施設の概要
③ 従業員の人数や勤務形態、従業員の保有している資格
④ 提供されるサービスの内容
⑤ 利用料金や介護保険給付以外のサービスに要する費用

回収しなければならない場合について知っておこう

施設利用料の滞納等の場合に備えて、適切な債権回収手段を確認しておく必要がある

■ 債権回収や債権管理とは

　融資をした金銭を借主が返してくれない場合や、買主が商品の代金を支払ってくれないといった場合に、支払義務を負う者（債務者）から金銭を取り立てることを債権回収といいます。

　債権回収の方法には、①普通郵便などで請求書を送る、②内容証明郵便を送って請求する、③直接債務者の自宅等に取立てに行く、④新たに担保（抵当権など）を設定する等の支払方法について話し合いをする、⑤保証人・連帯保証人などの債務者以外の支払義務を負う者から支払いを受ける、などの方法があります。

　介護施設の事業者においては、利用契約を締結し、介護サービスを提供すれば、業務が完了するわけではありません。利用者からサービスの利用料等の支払いを受けて、はじめて業務が完了します。利用料等の支払いが滞り、その間に資金不足が生じれば、介護施設の運営にも影響が生じます。最悪の事態として、事業者が倒産等することにより、介護施設の利用者等にも影響が及ぶおそれがあります。

　このように、介護施設の経営にとって、利用料等の債権を確実に回収することが非常に重要な課題であり、債権の弁済を受ける手段を明確に定めて実施していくことを債権管理と呼びます。

■ どんな場合に債権が発生するのか

　介護施設においては、事業者と利用者が介護施設利用契約を結んでいます。そして、介護施設利用契約に基づき、事業者は、利用者に対して介護サービスを提供する義務を負う（事業者が負う債務）一方で、

利用者に対して債権を持つことになります。つまり、介護施設利用契約において、事業者は、契約の各段階において、利用者に対して債権を持つことになります。

　契約締結段階では、たとえば、入所型の施設であれば、入居一時金をはじめとする前払金の支払を利用者に求める場合があります。この前払金に関する債権は、事業者の利用者に対する介護施設利用契約に基づいた初期の債権といえます。

　そして、契約締結後、利用者が施設を利用したり、施設に入所したりすると、介護サービスの利用料（サービス料）や施設の利用料などが生じます。介護施設利用契約において、介護サービスの対価である利用料等の債権は、事業者の主要な債権といえます。したがって、利用者が利用料等の滞納を繰り返した場合、事業者側が受ける影響は大きいですから、これらの債権は特に慎重な債権管理が必要です。

　その後、利用者が施設等の利用を終了したり、施設を退所したりして、介護施設利用契約が終了した時点でも債権が発生する場合があります。利用者は、入所していた施設を明け渡す義務を負う他、この時

■ 実費の請求書サンプル ……………………………………………

利 用 料 等 請 求 書

　令和○年○月分の規定外費用として以下の金額をご請求致しますので令和○年○月○日までに下記金額をお支払いください。

項目	金額（税込）
オムツ代	15,000 円
クリーニング費	3,000 円
理美容費	4,200 円
ベッドメイキング費	3,150 円
合計	25,350 円

点でも利用料等の滞納がある場合は清算義務を負うため、事業者は、契約終了時点でも、利用料等に関する債権を依然として持っていることになります。また、利用者が施設等を利用している中で設備等を破損・汚損した場合、たとえば、それが利用者の故意に基づくときは、その損害を賠償しなければなりませんので、事業者は、この損害賠償請求権という債権を利用者に対して有することになります。

■介護施設で回収の問題が発生する場合とは

　介護サービス等において債権回収が問題になる主要な局面は、利用料等の滞納です。介護施設利用契約に基づく介護サービスの提供や施設の利用は、利用者の最も基本的な権利ですから、事業者が適切な介護サービスや施設の提供義務を負うことは言うまでもありません。

　したがって、事業者が利用者に対して持つ介護サービスの利用料（サービス料）や施設の利用料（賃料相当額）に関する債権は、介護施設利用契約における根本的な債権といえますので、これらの債権回収は事業者の事業運営にとって非常に重要です。

　利用料等の債権回収が問題になるのは、利用者が高齢であることにも原因の一端があります。たとえば、通所型の介護サービスにおいては、一度に必要なサービス料は、それほど高額ではありません。特に介護サービスを受けるごとに料金を支払うしくみがとられている場合には、高齢である利用者に手持ちのお金がないため、料金の支払いが後日に繰り延べされる事態が発生しがちです。1回の滞納額は少額ですが、それが繰り返されることで、未払いのサービス料が思わぬ高額に蓄積してしまうことがあるため、その管理については充分な注意が必要です。

　また、入所型の介護施設では、賃料相当額の利用料の支払を毎月利用者に対して求めていくことになります。施設の利用料は、施設ごとにまちまちですが、施設によっては月額数十万円の利用料を設定して

いる場合もあるため、これが滞納されると、事業者にとっては非常に大きな債権回収が問題になることになります。滞納の多い利用者の中には、1年以上にも渡る長期間にわたって滞納を繰り返し、総額で数百万円にものぼってしまっているというケースもあります。

■ 延滞債権の種類と傾向

利用者が滞納している利用料等に関する債権（延滞債権）は、滞納期間に注目して、大きく分けて2種類に分類することができます。

まず、滞納期間の短い延滞債権は、一時的な延滞であることが多い傾向にあります。時として、債務者（利用者）が支払いを一時的に忘れていた場合も考えられます。この場合には、債権回収においても債権者（事業者）が大きな困難を抱えることは少なく、比較的容易に債権回収を行うことができる場合が多いといえます。

また、短期間の滞納の場合には、延滞債権も比較的少額であることが多く、債権者側に与える影響は大きくない場合がほとんどであり、これらの債権に対して債務者が頑なに支払いを拒むことも少ないといえますので、債権回収の期待が大きい債権です。

これに対して、滞納が長期間に及ぶ延滞債権は、債務者が継続的に滞納している債権ですので、支払いを忘れていることはほとんど考えられません。事情は異なりますが、多くの場合、債務者が滞納を自覚していることが多く、支払いを拒絶していたり、何らかの事情によって支払うことができなかったりする場合がほとんどです。

そして、長期間に及ぶ延滞債権に関しては、債権額が高額に及んでいる場合がほとんどです。したがって、債権者にとって債権回収は必要不可欠ですが、その一方で、債権額の大きさに比べて債務者が持っている資産（現金・預貯金・不動産など）が不足していることも少なくありませんので、債権回収を行うことは容易ではありません。

■ まずは資産調査をする

債権回収を行う上で重要なのは、債務者の資産状況です。延滞債権がある場合、最終的には民事訴訟などの法的手段を講じることになります。そして、仮に債権者が訴訟において勝訴判決を得たとしても、最終的に債務者が全く資産をもっていなければ、強制執行によっても債権者は債権回収ができません。いわば、債権回収のために債権者が費やした労力はすべてムダになってしまうことになります。

したがって、債権回収を検討する場合には、債務者に関する正確な資産調査を行う必要があります。

債務者が持っている資産については、不動産や自動車などは調査しやすいですが、特に第三者に対する未回収の債権のように、慎重に調査しなければわからない資産もありますので注意が必要です。

■ 原因分析をする

延滞債権がある場合、債務者が支払わない原因に関する分析も重要です。原因分析を的確に行うことで、債権回収を行うために適切な方法を考えることが可能になるからです。

まず、債権を支払わない原因の一つとして、債務者が単に支払いを忘れているだけの場合のように、債務者が意図的に滞納をしていない場合が考えられます。これは前述のように、短期間の延滞債権において比較的多い原因だといえます。この場合、単に債務者が支払いを忘れていただけである場合も多いため、支払いを請求することで比較的容易に債権回収を行うことが可能です。

次に、介護施設利用契約に基づいて提供されている介護サービス等に不満があるために、その対価である利用料等の支払いを拒んでいる場合が考えられます。介護施設において注意すべきなのは、介護サービス等を利用している利用者が、判断能力が十分ではない高齢者の可能性があるという点です。支払いを拒む利用者の主張が、十分な判断

能力に基づかないおそれがありますので、利用者の親族等を含めて注意深く主張を聴きとる必要があります。この場合は、債務者である利用者側の主張が適正であるかどうかの判断を含めて、慎重に利用者側と交渉を行い、債権回収の途を探ることになります。

　さらに、債権を滞納する原因として、債務者が資産を持っていないために支払うことができない場合もあります。特に介護施設利用契約において、介護サービス等の利用者は高齢であることが多いため、現金や預貯金などを持っていないことも考えられます。この場合は、利用者の親族等を含めて、債権回収に向けて事業者側はさまざまなアプローチを検討する必要があります。

■ 債権を保全するという方法もある

　債権回収をスムーズに進めるために、債権者があらかじめ工夫を凝らしておくことが可能です。この手段を債権保全といいます。

　たとえば、債権者が複数いる場合、基本的には債権額に応じて平等

■ 延滞債権の回収 ……………………………………………………………

```
延滞債権 ┤ ┌─────────────────┐
         │ │ 短期間の延滞債権 │
         │ └─────────────────┘
         │   ⇒債権回収は比較的容易
         │ ┌───────────────────────┐
         │ │ 長期間におよぶ延滞債権 │
         │ └───────────────────────┘
         └   ⇒債権回収が困難になることが多い
```

〈債権回収のポイント〉

① 資産調査 …… 債務者に関する正確な資産調査が必要

② 原因分析 …… 意図的に債権の滞納をしていない場合
　　　　　　　　介護サービス等に不満がある場合
　　　　　　　　債務者が資産を持っていない場合

③ 債権保全 …… 担保権の設定・保証人との間の保証契約

の割合で債務者から返済を受けますが、自分の債権を優先的に回収するという債権保全の方法があります。具体的には、担保権を設定することや、保証人との間で保証契約を結んでおくという方法です。

　担保権の設定とは、たとえば、債務者の不動産に抵当権という担保権を設定しておき、債務者が滞納している場合に、その不動産を強制的に売却し、売却代金から優先的に債権回収を行う方法です。

　これに対して、介護施設利用契約において、一般的に用いられる債権保全の方法は、契約締結時に連帯保証人を要求し、連帯保証人になることを承諾した人と間で保証契約を締結する方法です。連帯保証人とは、債務者と連帯して債務を負担する保証人です。

　通常の保証人（連帯保証人ではない保証人）の場合、債務者が支払える余裕があるのに支払わないときは、先に債務者に支払いを請求しなければなりません。しかし、連帯保証人の場合、債務者が債権を延滞するときは、直ちに連帯保証人にも支払いを請求できるため、債権保全の手段としてより強固だといえます。事業者としては、契約締結時に利用者の親族等を連帯保証人として保証契約を結んでおくことで、延滞債権を回収する手段を保全することができます。

■ 未収金を発生させないための予防と対策

　債権保全を行うことで、債権回収のリスクに備えることは可能ですが、事業者にとって何よりも重要なのは、未回収債権を発生させないことが重要です。そのため、常に利用者の資産状況や、利用者の親族等との連絡体制を確認しておくことが重要です。

10 月額利用料の滞納について 知っておこう

滞納した月額利用料については身元保証人にも請求することができる

まずは資産調査する

　特に入所型の介護施設では、場合によっては高額な施設利用料が毎月必要になります。そこで、事業者としては、利用料等の滞納が生じないように、利用者の資産調査を行う必要があります。

　介護施設の利用者は高齢者であることが一般的ですので、継続的な収入源は年金である場合が多いようです。そこで、年金として継続的に得られる金額がどれくらいかを把握する必要があります。また、多くの利用者は、不動産や自動車などをはじめとして、現金や預貯金などの資産を持っていると思われます。利用者のプライバシーを侵害しない程度に、それらの資産状況を確かめることも必要です。

入居一時金からの回収は可能なのか

　介護施設利用契約を結ぶ時点で、前払金として入居一時金が支払われる場合は、入居一時金から月額利用料への充当が可能であるのかを検討する必要があります。前払金は、その性質上、月額利用料に償却されることが予定されていますので、月額利用料を入居一時金から回収することは可能です。もっとも、前払金の未償却部分は利用者側に返還しなければなりません。たとえば、利用者が亡くなった場合、償却期間経過前であれば、月額利用料に滞納があっても、なお、入居一時金の一部は遺族に返還しなければならない点に注意が必要です。

身元保証人への請求や担保の取得・実行

　多くの介護施設では、利用者が入居する際に身元保証人を要求され

ることがあります。利用者の親族等（近親者）が身元保証人になることが一般的です。しかし、親族や身寄りのない高齢者が利用者である場合は、身元保証業者が身元保証人になることもあります。身元保証人は、利用者が亡くなった場合に、遺体の引取りなどをはじめ、さまざまな事項を引き受けますが、中でも事故やトラブル、そして月額利用料の滞納に備えて身元保証人が要求されています。したがって、利用者が月額利用料を滞納している場合、事業者は、身元保証人に対して支払いを求めることができます。

　月額利用料の支払いに関しては、事業者が利用者に対して有する債権ですので、この債権を確実に回収するため、利用者の持っている資産に対して担保権を設定する、たとえば、利用者の不動産に抵当権を設定することも可能です。実務上は、月額利用料の担保として抵当権が設定されることはほとんどありませんが、事業者がとり得る選択肢のひとつとして、抵当権や質権などの民法が規定する担保権を設定することも法律上は可能です。

■ 請求の相手方が本人ではなく相続人の場合もある

　利用者が月額利用料を滞納している場合であっても、実際に滞納している月額利用料の支払いを請求する相手方が、利用者の相続人となる場合があることに注意が必要です。つまり、利用者が利用料を滞納した状態で亡くなった場合に、利用者を相続した相続人がいる場合です。滞納額について相続人は債務として相続しますので、事業者は相続人に対しても月額利用料の支払いを請求することが可能です。

　もっとも、必ずしも相続人が利用者と近い間柄であるとは限りませんので、月額利用料の支払いを請求する上でスムーズに進まない場合があることに留意しておく必要があります。なお、相続放棄をした相続人には、月額利用料の支払いを請求できなくなります。

第2章

介護職員を雇った場合の
法律知識

1 職員の労働形態にはさまざまなパターンがある

介護施設においては非正規職員が多く雇用されている

■ 労働者と労働契約を結ぶ

労働契約（雇用契約）は労働者（被雇用者）が使用者に労務の提供をすることを約し、使用者がその対価として賃金を支払う契約です。契約という意識がなくても、「雇います」「雇われます」という合意だけで契約は成立します。ただ、お互いが合意さえすれば、どんな内容の労働契約を結んでもよいというわけではありません。労働契約はさまざまな法令などの制約を受けます。その中で主な基準となるのは労働基準法、労働組合法による労働協約、使用者と労働者の間の雇用に関するルールを定めた就業規則です。これらに違反しない範囲で労働契約は有効になります。

■ 介護施設にも正規職員と非正規職員がいる

雇用形態には主に次のようなものがあります。仕事量、人件費、今後の展望、正規職員と非正規職員のバランスなど、諸事情をふまえ、その介護施設に適した形を選択しましょう。

正規職員は、施設との結びつきが最も強い雇用形態といえるでしょう。「どのような人が正規職員」という法的な定義などはありませんが、長期間フルタイムで働くことを前提に雇用され、社会保険や福利厚生などの保障を受けることができる一方、勤続年数や実績に応じて管理者として働くなどの責任を負うというのが一般的な認識です。介護施設が保有しているさまざまな情報を管理し、経営を長く支える人材として採用する際には、正規職員としての雇用が必要です。

非正規職員とは、パートタイム職員、アルバイト職員、契約職員、

嘱託職員、派遣職員など、正規職員以外の労働者を総称する言葉です。

　厚生労働省の調査においても、労働者のうち、正規社員以外の労働者の割合が高い数値を示していることが報告されていますが、介護施設においては、その傾向が顕著になっています。介護施設の非正規職員の割合は、４割程度が平均的ですが、施設によっては８割に及ぶ介護施設も存在しています。

　このように、非正規職員が増加している現在の雇用情勢では、介護施設において、非正規職員が果たす役割も、非常に重要になってきています。

　非正規職員は、正規職員と比較して一般的に賃金が低く、職業能力の訓練の機会にも恵まれていないのが実情ですが、非正規職員増加の状況をふまえて、適切な処遇・教育を行うことが、介護施設の業務運営にあたり、非常に大きな支えになると共に、それによって介護施設の利用者にとっても、快適な介護サービスを提供する大きな助けになります。したがって、介護施設が現在の介護サービスの質を落とさず、利用者にとって快適な環境を提供し続けるために、非正規職員の雇用管理が重要な責務といえるでしょう。

　パートタイム職員や有期労働契約職員の雇用管理に関する規制を適用するものとして、パートタイム・有期労働法があります。また、パートタイム職員も「労働者」であることに変わりはないため、すべての労働者を対象とする労働基準法が適用されます。さらに、労働基準法の他、労働契約法、最低賃金法、労働安全衛生法、労災保険法、男女雇用機会均等法、育児・介護休業法など、労働者に関する待遇を定めたさまざまな法律も適用されます。特に、業務の性質上、女性の割合が高い介護施設においては、女性にとって働きやすい雇用体制を整えることが、介護施設に対して求められています。

　また、女性の離職理由で結婚・出産・育児・家族の介護のための割合が多くなっていて、これらを理由に退職することなく、両立できる環境を整えることも重要です。

2 派遣労働者の管理について 知っておこう

貴重な人材確保のための有効手段のひとつである

■ 派遣と雇用は違う

　正社員として働く場合は、労働者と雇用主の間で直接雇用契約が交わされます。これに対して労働者派遣は、労働者である派遣労働者を雇用する派遣元企業と、派遣労働者が実際に働く現場となる派遣先企業（本書の場合、介護施設）の三者が関わる雇用形態です。派遣元企業が派遣先企業と労働者を派遣することを約した労働者派遣契約を結ぶことで行われます。

　雇用契約も、派遣労働者の場合は派遣元企業との間で交わされ、賃金支払いは派遣元企業より受けることになりますが、実際に業務に関した指揮命令を受け、労務を提供する相手は派遣先企業です。

　なお、派遣労働者には、正社員と同じ条件で業務に従事できるようにさまざまな法律が適用されます。たとえば労働基準法や労働者派遣法（労働者派遣事業の適正な運営の確保及び派遣労働者の保護等に関する法律）、最低賃金法、育児・介護休業法、男女雇用機会均等法などです。

■ 介護施設での派遣の受け入れ状況

　介護業界は、ニーズの多さと比較して職員のなり手が少ないとされており、いずれの施設でも人材不足で苦慮しているのが現状です。

　人材が不足した場合、施設を運営することが困難になることに加え、不測の状態が2か月にわたった場合、介護施設が施設利用者や介護保険に対して申請する収入の3割が削減されてしまいます。その結果、施設が立ち行かなくなり閉鎖に追い込まれるなど、大きな打撃となるケースもあります。このような事態に対応するため、施設側は積極的

な採用活動を行うことになりますが、方法の一つとして派遣労働者を受け入れる施設も多くあります。

■ 派遣期間のルール

現在では、すべての派遣労働者が1箇所の派遣先で就労する期間が原則として3年までに統一されています。つまり、3年を超えて同部署で同様の業務を行うことが不可能になり、派遣先が派遣労働者に3年以上の継続勤務を求める場合は、直接雇用に切り替えるなどの措置が必要になります。

また、「個人単位」と「事業所単位」での派遣期間は制限されています。個人単位での期間制限とは、同一の組織単位で派遣労働者を継続して3年を超えた就労を禁じる制度（別の派遣労働者の場合は同一の組織単位への派遣は可能）です。派遣先が派遣労働者の働きぶりを評価し、継続勤務を希望する場合は、3年目以降は派遣元を通さず直接雇用に切り替えるなどの措置が必要です。

一方、事業所単位での期間制限とは、派遣先の同じ事業所（雇用保険の適用事業所に関する考え方と同様）で、派遣労働者を継続して3年を超えた就労を禁じる制度です。同じ事業所での継続勤務を希望する場合は、派遣可能期間満了の1か月前までに当該事業所の労働者の

■ 労働者派遣とは ……………………………………………………

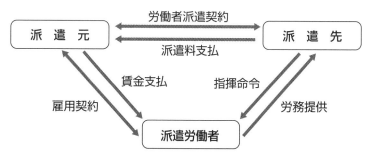

過半数で組織する労働組合から意見を聞くことで、期間の延長をすることができます。

　ただし、個人単位・事業所単位での期間制限制度は、共に有期雇用の派遣労働者を対象とするものです。無期雇用の派遣労働者、60歳以上の派遣労働者には期間制限はかからず期間制限制度の対象外になります。また、業務については、①あらかじめ終期が決まっている有期プロジェクト業務、②1か月の日数が派遣先に雇用される通常の労働者の所定労働日数の半分以下かつ10日以下の日数限定業務、③産前産後・育児・介護休業社員の代替業務、のケースについても期間制限制度の対象から外れています。

■派遣社員を活用するときのポイント

　派遣就労に際しては、派遣会社の従業員全体を対象とする就業規則とは別に、個別に派遣先会社の具体的な就業条件を定めた「就業条件明示書」が交付されます。その就業条件明示書に示された範囲内で、派遣先企業の指揮命令に従うことになります。

　就業条件明示書は、派遣会社と派遣先企業との間で締結した「労働者派遣契約」を基に、派遣元から派遣労働者に交付される派遣先企業における就業条件を明示した書面（契約書）です。

　労働者派遣法では、派遣元は派遣先での就業条件を詳しく明示する義務を定めています。主な記載事項は、①業務内容、②派遣先企業の名称・所在地・就業場所、③就業中の派遣労働者を直接指揮命令する者、④派遣期間および就業日、⑤始業・終業時刻、休憩時間、⑥安全および衛生に関する事項、⑦苦情等を申し出る派遣先責任者や派遣元責任者の氏名等、⑧労働契約申込みみなし制度が行われる場合、についてで、これらを明確に記載し、書面で交付しなければなりません。

　なお、就業条件（就業時間や就業場所、業務内容など）を変更したい場合は、その都度、派遣元に労働者派遣契約の変更を申し入れ、派

遣元は派遣労働者の合意を得る必要があります。

　就業条件明示書に記載された内容と就業実態や業務指示が異なる場合、派遣労働者は派遣会社との雇用契約を解除することができます。派遣労働者はあくまでも就業条件明示書に記載された範囲内で派遣先企業の指揮命令に従えばよく、自らが合意していない業務指示に従う義務はないためです。

■就業環境の確保や安全衛生にも気をつける

　派遣先企業は、派遣労働者が円滑に業務を遂行できるよう、セクハラ・パワハラ防止など、快適な就業環境を確保する義務があります。

　また、派遣先企業の社員が利用する食堂や医療室などの施設を利用できるよう取り計らうことや、派遣会社が適切に派遣労働者の賃金を同種の業務に従事する一般の労働者の平均的な賃金の額と同等以上に決定できるよう、派遣会社から要請があった場合には、派遣労働者と同種の仕事を行う社員の賃金水準や福利厚生等に関する情報を提供しなければなりません。さらに、派遣先企業は派遣労働者の安全管理および衛生管理について事業者責任も負います。

■労働契約申込みみなし制度とは

　労働契約申込みみなし制度（みなし雇用制度）とは、派遣先企業により違法派遣が行われた場合は、派遣先企業がその派遣労働者に対して「直接雇用の申込みをした」とみなす制度です。違法派遣とは、①派遣労働者を禁止業務に従事させること、②無許可事業主から労働者派遣の役務の提供を受けること、③派遣期間制限に違反して派遣を受けること、④偽装請負等を行うこと、です。労働契約の申込みをしたとみなされた派遣先の事業所は、この申込みを1年間撤回することはできません。

　なお、労働契約申込みみなし制度が適用されても、派遣労働者が申込みを承諾しない場合には、雇用契約は成立しません。

紹介予定派遣とはどのようなものか

　紹介予定派遣は、派遣社員がいずれ社員として雇用されることを予定して派遣が行われる制度で、多くのメリットがあります。

　まず、派遣先企業では、自社で求人を行う必要がなくなります。さらに、通常の求人と異なり、採用候補者が実際に働いているところを見て判断することができます。一方、派遣元企業にとっては、派遣料金と紹介手数料を得ることができることが大きなメリットです。そして、派遣社員にかかっていたコストも削減することができます。

　また、派遣社員にとっては、実際に働き始めてから自分には合わない職場だと気づく、という状況を回避できます。

　紹介予定派遣の期間については、厚生労働省が出している指針で6か月を超えて同じ派遣社員の労働者派遣を行わないよう示されており、紹介予定派遣を経て雇用された社員に対しては別途試用期間を設けることができません。なお、派遣先企業、派遣元企業、派遣社員の三者間で合意があった場合には、派遣就業期間を短縮して派遣先企業と派遣社員との間で雇用契約を結ぶことができます。

■ 個人単位の期間制限 ……………………………………………

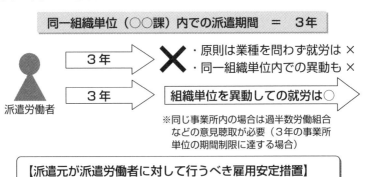

Q 介護職員として外国人を受け入れる方法には、どのようなものがあるのでしょうか。また、どんな問題があるのでしょうか。

A 介護職員として外国人を受け入れる方法にはいくつかの種類があります。まず、在留資格をもつ外国人を労働者として雇い入れる方法があります。在留資格とは、日本に在留した外国人が可能な行動等を類型化したものです。詳細は出入国管理及び難民認定法（入管法）に規定されており、現在は29種類の在留資格が定められています。外国人はこの在留資格のいずれかに該当しなければ、90日を超えて日本に滞在してはならないことになっています。現在のところ、医療分野においての在留資格は医師・歯科医師・看護師にしか認められておらず、介護職に従事する者の在留資格は認められていません。介護分野については、介護福祉士の資格を有する者が介護業務に従事する場合に在留資格を認められています。さらに、インドネシア・フィリピン・ベトナムとの間で締結されている経済連携協定（EPA）によって介護福祉候補生を受け入れる方法もあります。この場合、国際厚生事業団（JICWELS）に求人登録し、雇用契約を締結するためのあっせんを受ける必要があります。また、技能実習・特定技能に基づいて外国人を受け入れることができます。

　いずれの方法による場合であっても、外国人を雇用する場合、労働契約や各種規則を整備する必要があります。外国人も日本人と同様に社会保険に加入する必要がある点や、採用・離職時にその氏名、在留資格等をハローワークに届け出なければならない点には注意が必要です。外国人労働者は、利用者や他の従業員との間のコミュニケーションに問題が生じるケースもあります。文化や言語の違いについて理解を深め、働きやすい職場環境を整えることも重要になります。

③ 採用についての法律問題をおさえておこう

労働条件の明示や中間搾取の禁止などの約束事が労働者を守る

■ 採用選考一般の注意点

採用選考の実施にあたって、施設側が最も気をつけなければならないことは「公正な」採用選考を行うということです。性別や思想、家族状況、生活環境など、応募者の適性・能力とは関係ない事柄で採否を決定しないことが必要です。公平を期するためには、期日前の関係書類提出や選考を実施してはいけません。また、提出書類として戸籍抄本や住民票を求めることはできないので注意してください。

その他の注意点としては、個人情報保護の問題があります。個人情報とは、特定の個人であると識別でき、社会的差別の原因となるおそれのある情報のことです。採用担当者は、求職者の個人情報を採用のために必要な範囲内で収集・保管・使用し、不採用時は写しも含め的確に返却や破棄をしなければならないため注意が必要です。

なお、働く人が性別により差別されないようにするため、男女雇用機会均等法が定められています。この法律の第5条によれば、募集・採用の際に、その対象から男女のいずれかを排除することが禁じられます。また、第6条では一定の職務への配置について、その対象から男女のいずれかを排除することも禁止されています。

■ 介護人材の採用ではどんなことに気をつけるのか

介護事業所において職員を採用するときには、求める人材や採用条件（職種・資格等）を明確に示す必要があります。一般的には、未経験者より経験者、介護職員初任者研修（ヘルパー2級）や介護福祉士などの上級資格を持っている人が採用されやすいといえます。しかし、

56

資格に関係ない仕事の担い手を求めているような場合には、そのことを明示しておくことで、多くの求人者を集めることにつながります。

　経験者や資格を持っている人は、実際の介護現場のことをある程度把握しており、即時に必要になる技術・知識をあらかじめ持ち合わせています。そのため、介護施設がそのような即戦力を求めている場合には、募集条件の他、介護施設からのコメントとして、求人情報の中に、その旨を掲載しておく必要があります。

　介護について経験がない職員を採用する場合には、従事していた異業種の内容等を、しっかり確認して適性を見極める必要があります。また、雇用時間に関しても、注意が必要です。特に入所型の介護施設では、24時間体制での勤務が必要であり、必要な人材が多いことが重要であると共に、夜勤の可能な人材を確保することが必要になります。そのため、応募者に対して、夜勤が可能であるのかあらかじめ確認しておかなければ、実際に雇用することになり、シフトを組む際に、雇用時間に制約がある職員ばかりで、特に夜間に職員が不在になってしまうというおそれがあるためです。

　なお、介護職に関しては、離職者の多さも問題になっています。そのため、職員の採用においても、応募者が継続的に介護の現場で働き続けることが可能な人材であるのかどうかを、経験や雇用時間・雇用条件などを総合的に考慮して、慎重に見極めることが介護施設にとって非常に重要です。もっとも、介護施設にとって、すべての雇用条件を兼ね備えている人材が、必ずしも見つかる保証はありません。そこで、介護施設にとって、現在必要としている人材に不可欠な要素がどのようなことであるかを明確にした上で、柔軟に人材を選定していく必要があります。

■ 採用時の提出書類

　採用が決定した職員に対しては、すぐに就業日や就業時間、就業場所などを通知します。同時に、住民票記載事項証明書や扶養控除等申

告書などを提出してもらいます。

　住民票記載事項証明書は、住所を記した公的な文書で、本籍の記載がなく個人情報も保護されています。なお、職員のマイナンバー情報取得のため、個人番号カードの提出も求められます。転職者の場合は、就業日に年金手帳（令和4年4月以降、初めて年金制度に加入する者には「基礎年金番号通知書」が発行）や雇用保険被保険者証、前職の会社の源泉徴収票（年内に前職がある者）を持参するようにお願いしておきましょう。

　また、就業時には、施設の理念に則って業務に従事することを約束する「誓約書」と、不正があったときなどには損害賠償などの保証人となることを明記した「身元保証書」などを提出してもらうことが重要となります。

・誓約書

　誓約書は、施設の就業規則やその他の規則を守って業務に専念することを約束する文書で、組織の一員として一生懸命に働くことを誓わせるねらいがあります。誓約書には法的な効力はないものの、署名、押印を要求するため、職員は精神的な拘束を受け、組織の一員としての自覚を促すことにつながります。

・身元保証書

　「身元保証書」は、職員の保証人と会社の間で交わされる契約書です。施設に対し、その相手が職員として適性があると推薦すると同時に、施設に損害を与えた場合には金銭的にも保証していくことを約束することです。職員が独断で親族の名前を記入する場合があるため、身元保証人に対して礼状を送る方法をとると効果的でしょう。身元保証書には有効期間があり、更新をしないと以後は無効になります。期間は定めを設ける場合は上限5年、設けない場合は3年です。また、身元保証書の賠償額の上限額を定めない身元保証契約は無効となるため、注意する必要があります。

4 雇用契約の締結上のルールを おさえておこう

正規・非正規職員を問わず、必要事項について職員に通知する必要がある

■ 必ず書面で明示する必要がある

　労働契約（雇用契約）は労働者（被雇用者）が使用者に労務の提供をすることを約束し、使用者がその対価として賃金を支払う契約です。

　ただ、お互いが合意さえすれば、どんな内容の労働契約を結んでもよいというわけではありません。労働契約はさまざまな法令の制約を受けます。その中で主な基準となるのは労働基準法、労働組合法による労働協約や就業規則です。これらに違反しない範囲の労働契約は有効です。

　労働基準法によると、労働条件は介護施設（使用者）と介護職員（労働者）が対等の立場で決めるべきだとしています（2条1項）。また、介護職員を保護するために、合意された内容のうち労働基準法で定める最低基準に満たないものは無効です。この場合は同法に規定される内容がそのまま契約内容になります（13条）。介護施設は労働契約の締結にあたり、労働条件を明示しなければなりません。明示する内容は賃金や就業時間などです。なお、一定の事項については書面（労働条件通知書）による交付が義務付けられています（61ページ図）。

　労働契約の内容は、法律や規則あるいは書面により決定されます。契約内容が記された就業規則を備え付けるなどの方法による職場での明示が義務付けられています。さらに労働基準法は、介護職員を雇い入れる際に、賃金、労働時間などの重要な労働条件を明確に説明することを義務付けています（15条1項）。労働条件の明示は口頭でもかまいませんが、そのうち「賃金の決定、計算、支払いの方法、締切、時期」などの一定の事項については、書面を交付して明示しなければなりません。

■ 非正規職員への通知事項

　人手不足が深刻な介護に関する職場では、正規職員に比べて、非正規職員の割合が高くなっています。つまり、非正規職員に頼らざるを得ない状況になっており、非正規職員に対する、慎重な対応が必要になっています。パートタイム労働者などの非正規雇用職員を雇用する場合には、前述した事項に加えて、①昇給の有無、②退職手当の有無、③賞与の有無、④雇用管理改善措置・相談窓口について、書面あるいは電子メール（職員が希望した場合）などによって明示することが必要です。

　なお、介護施設にとって非正規職員は貴重な人材ですので、担当している職務の内容、シフトなどの運用状況が、他の正規職員等と同一の非正規職員については、賃金の決定方法が正規職員と同一になるように注意しましょう。正規職員と非正規職員との間の賃金格差はとても大きいため、賃金格差を是正することで、非正規職員の雇用を円滑に進める目的があります。そのため、賃金の決定方法について、非正規職員にとって明らかになるように通知しておく必要があります。

■ 何をしてもらうのかを明示する

　「明示すべき労働条件」の中で、特にあいまいになりやすいのが、従事すべき業務に関する事項です。この点で介護施設と介護職員の認識にズレがあると、「採用する人材に求めていた能力を持っていない」などの問題が発生するため、注意しましょう。たとえば事務員としての採用であっても、緊急時等に施設内での作業を手伝うことがある場合には、労働条件通知書にその旨を明記しておく必要があります。

■ 法定三帳簿と新規雇用の介護職員に提出してもらう書類

　介護施設などの事業所で新たに職員を採用した場合には、さまざまな書類を作成します。このような書類には法律による書式の規定が設けられていないため、原則として介護施設の必要にあわせて自由に作

成することができます。

　ただ、人を雇用する事業所として、法律上、備え付けが義務付けられている書類もあります。これを法定三帳簿（または雇用三帳簿）といいます。法定三帳簿とは、①出勤簿またはタイムカード、②賃金台帳、③職員名簿の３つの書類です。これらの書類は、雇用保険に関する手続きの際などの場合に、職員の就労状況を把握するため、提出が求められるケースがあります。介護職員を採用した事業所は、これらの法定三帳簿を必ず作成しなければなりません。また、介護施設の事業所で職員を採用した場合に、その職員から提出してもらう書類は、介護施設によって異なりますが、一般的には、①履歴書（自筆、写真を貼ってあるもの）、②最終学歴の卒業証明書（新卒者の場合）、③誓約書（仕事の内容による）、④身元保証書、といった書類を提出してもらうことになります。

■ 労働者に明示する労働条件 ………………………………………

原則、書面（※1）で明示しなければならない労働条件	● 労働契約の期間に関する事項 ● 期間の定めのある労働契約を更新する場合の基準に関する事項 ● 就業場所、従事すべき業務に関する事項 ● 始業・終業の時刻、所定労働時間を超える労働の有無、休憩時間、休日、休暇、労働者を２組以上に分けて就業させる場合における就業時転換に関する事項 ● 賃金（※2）の決定・計算・支払の方法、賃金の締切・支払の時期、昇給に関する事項 ● 退職・解雇に関する事項
右に示した事項を使用者が定めている場合には明示しなければならない労働条件	● 退職手当の定めが適用される労働者の範囲、退職手当の決定・計算・支払の方法、退職手当の支払の時期に関する事項 ● 臨時に支払われる賃金（退職手当を除く）、賞与・賞与に準ずる賃金、最低賃金に関する事項 ● 労働者の負担となる食費、作業用品などに関する事項 ● 安全、衛生に関する事項　　● 職業訓練に関する事項 ● 災害補償、業務外の傷病扶助に関する事項 ● 表彰、制裁に関する事項　　● 休職に関する事項

※1 労働者が希望した場合は、FAX や電子メール、SNS 等での明示も可能
※2 退職手当、臨時に支払われる賃金、賞与などを除く

5 賃金・労働時間・休日のルールについて知っておこう

法定労働時間や休憩時間を法令に従い適切に管理する必要がある

■ 賃金は給料だけではない

　労働基準法にいう賃金とは、広く「賃金、給料、手当、賞与その他名称の如何を問わず、労働の対償として使用者が労働者に支払うすべてのものをいう」と定められています（労働基準法11条）。したがって、賃金には、労働の直接の対価に加え、家族手当、通勤手当、休業手当、年次有給休暇中の賃金が含まれます。さらに、役職手当、時間外手当、家族手当、住宅手当も賃金にあたります。

　そして、賞与や退職金の他、結婚祝金、出産祝金、病気見舞金、災害見舞金、近親者死亡の際の弔慰金などについては、使用者が任意的・恩恵的に支払うものである場合には、使用者に支払義務が生じないので賃金にあたります。これに対し、あらかじめ労働協約や就業規則、労働契約において支給条件を決めている場合には、使用者に支払義務が生じるので賃金にあたるとされています。

■ 介護施設で労働時間はどのように管理すればよいのか

　労働基準法32条は、原則として１週40時間・１日８時間を超えて労働させてはならないと定めています。これを法定労働時間といい、法定労働時間を超える労働を時間外労働といいます。ただし、常時10人に満たない労働者が勤務する介護施設は、１週44時間・１日８時間の労働が認められているため、従業員に１週40時間を超えた労働をさせても、１週44時間までの労働であれば、時間外労働ではなく法定労働時間として認められます。

　労働時間にあたるかどうかは、使用者の指揮命令下にあるかどうか

で判断されます。たとえば、始業時間の開始前にミーティングを強いている場合や、終業時間後に事務所の片付けや掃除を当番制で行っている場合などは、労働時間にカウントされるため、時間数によっては時間外労働と扱われる場合があります。

　なお、使用者には労働者の労働時間を適切に管理する義務がありますので、使用者が出退勤時間を自ら確認する方法や、タイムカードなどで出退勤状況を記録する方法などを検討しなければなりません。

■ 休憩時間のルール

　休憩時間とは、労働者が休息のために労働から完全に解放されることが保障されている時間です。使用者には休憩時間を労働者の自由に利用させることが義務付けられています。したがって、使用者が休憩時間に設定している時間が、電話などの呼び出しの待機時間であった場合には、休憩時間とならず労働時間となるので注意が必要です。

　労働基準法34条は、1日の労働時間が6時間超の場合は45分以上、8時間超の場合は1時間以上の休憩時間を、労働時間の途中に一斉に

■ 労働時間の考え方 ………………………………………………

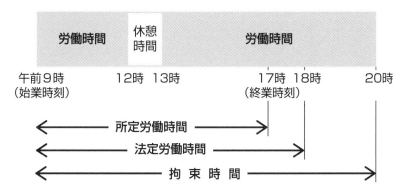

与えなければならないと定めています。ただし、一斉に休暇を与えると事業の運営が困難となる施設などの場合は、労使協定の締結で交替休憩させるなどの例外が設けられています。また、常時50人以上の労働者が勤務する施設には、性別ごとに休息を取ることができる場所を設けることが必要です。

休日の原則的なルール

　休日とは、労働者が労働義務を負わない日です。労働基準法35条は、原則として毎週少なくとも1回の休日を労働者に与えなければならないと定めています。したがって、法律上は週に1回休日があれば足りますが、原則として1週40時間、1日8時間の法定労働時間が設けられており、1日8時間労働であれば5日で40時間に達するため、現在では週休2日制が一般的になりつつあります。

　週休制の原則が守られていれば、休日労働としての割増賃金を払う必要がないため、たとえば、週休2日制を採用している施設でそのうち1日について出勤させたとしても、それは休日労働には該当しないことになります（時間外労働に該当することはあり得ます）。

代休と振替休日

　振替休日とは、就業規則などで休日があらかじめ決まっている場合において、事前に休日を他の労働日と入れ替え（事前の振替え）、休日と決まっていた日に労働し、その代わりに他の労働日を休日とすることです。元々の休日は労働日となるため、その日の労働は休日労働とはならず、割増賃金の支払義務はありません。

　代休とは、元々の休日に出勤させ、使用者がその代償として後から与える場合（事後の振替え）における休日です。代休の場合、使用者には元々の休日の労働について、休日労働の割増賃金の支払義務が生じますが、代休を与える義務は生じません。また、休日労働について

三六協定の締結・届出に加え、就業規則などに規定していること（または労働者が事前に同意していること）が必要です。

　そして、振替休日の制度を利用する場合には、次の要件に該当する必要があります。

① 　就業規則などに「業務上必要が生じたときには、休日を他の日に振り替えることがある」旨の規定を設ける

② 　いつを振替休日とするのかを特定する

③ 　遅くとも前日の勤務時間終了までには当該労働者に通知する

　なお、振替休日は同一週内に取得させないと、時間外労働の割増賃金の支払義務が生じる場合があることに注意が必要です。また、事前の振替えをしていたかどうかが不明確であると、元々の休日の労働に対する賃金の支払についてトラブルになることがあるため、振替休日通知書などの書面を利用して、振替休日の管理を徹底させるのがよいでしょう。

■ 振替休日と代休の違い

	振替休日	代休
意味	あらかじめ休日と労働日を交換すること	・休日に労働させ、事後に代わりの休日を与えること ・使用者には代休を与える義務はない
賃金	休日労働にはならないので通常の賃金の支払いでよい	休日労働になるので割増賃金の支払いが必要
要件	・就業規則等に振替休日の規定をする ・振替日を事前に特定 ・振替日は原則として4週の範囲内 ・遅くとも前日の勤務時間終了までに通知	・特になし。ただし、制度として行う場合には、三六協定の締結・届出と就業規則等に代休の規定をすることが必要

6 勤務間インターバルについて知っておこう

終業時刻から翌日の始業時刻までの休息時間を確保する制度

■ どんな制度なのか

　勤務間インターバル制度とは、労働者が1日の勤務が終了（終業時刻）してから、翌日の勤務が開始（始業時刻）するまでの間に、一定時間以上の間隔（インターバル）を確保する制度です。終業時刻から翌日の始業時刻までの間に休息時間（勤務間インターバル）を設けて、労働者の長時間労働を解消することが目的です。

　たとえば、始業時刻が午前9時の企業が「11時間」の勤務間インターバルを定めている場合、始業時刻に労働者が勤務するためには、原則として前日の終業時刻が午後10時前でなければなりません。

　企業が勤務間インターバル制度を導入する場合、大きく2つの意義があります。1つは、一定の時刻に達すると、それ以後、労働者は残業ができなくなるということです。もう1つは、一定の休息時間が確保され、労働者の生活時間や十分な睡眠時間を確保し、労働者のワークライフバランスの均衡を保つことが推進される点です。

■ どんな問題点があるのか

　勤務間インターバル制度によって始業時刻が繰り下げられた場合、繰り下げられた時刻に相当する時間の賃金に関する問題があります。

　たとえば、繰り下げられた時間については、労働免除として取り扱う方法が考えられます。労働免除が認められると、繰り下げられた時間分については、労働者は賃金を控除されることがありません。

　しかし、これを企業側から見ると、労働者ごとに労働時間の繰り下げなどの管理を適切に行う必要があると共に、労働者同士の公平性に

も配慮しなければならないという負担がかかります。

　このように、勤務間インターバル制度は、労働者の健康や安全を確保するのに役立つ制度である一方で、労働者にとって重大な関心事である賃金に対して影響を与えるおそれがあるため、その導入に際しては、労使間で事前に明確な合意に至っている必要があります。

■ 就業規則などにも規定する必要がある

　労働時間等設定改善法によって、勤務間インターバル制度の導入が企業の努力義務となっています。つまり、長時間労働の改善について企業側の意識の向上が求められているということです。そこで、企業が勤務間インターバル制度を導入する場合には、就業規則などに明確に規定を置き、特に繰り下げた時間に相当する賃金の問題などについても、事前に明確にしておくことが望まれます。

■ 勤務間インターバルとは ……………………………………………

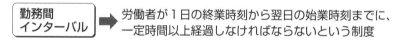

| 勤務間
インターバル | ➡ 労働者が1日の終業時刻から翌日の始業時刻までに、
一定時間以上経過しなければならないという制度 |

（例）勤務間インターバルが『11時間』の場合

∴翌日9:00始業のためには22:00には終業しなければならない

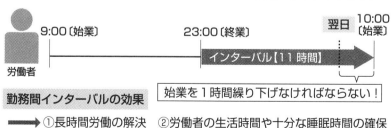

| 勤務間インターバルの効果 |
| ➡ ①長時間労働の解決　②労働者の生活時間や十分な睡眠時間の確保 |

7 年次有給休暇について知って おこう

事業の正常な運営を妨げなければ労働者は請求した日に取得できる

年次有給休暇

年次有給休暇とは、年休や有給休暇ともいい、労働契約上、労働義務が課されている日に取得することができ、取得した日は賃金が支払われます。有給休暇制度の目的は、労働者が心身共にリフレッシュし、新たな気持ちで仕事に向えるようにすることです。有給休暇の取得は労働者の権利であり、使用者は労働者が有給休暇を取ったことを理由にして賃金や査定で不利な取り扱いをしてはいけません。

有給休暇の権利を得るには、①採用されてから6か月以上継続して勤務していること、②付与日の直近1年（採用されて6か月後に付与される有給休暇はその6か月）の全労働日の8割以上出勤したこと、の条件があります。これを満たせば、定められた日数の有給休暇が与えられます（労働基準法39条）。

付与日数

有給休暇は、労働者の勤続年数によって段階を経て付与されていきます（労働基準法39条1項～3項）。

正規職員等のフルタイム労働者の場合、最初の6か月を経過した段階で10日間の有給休暇が与えられ、1年6か月で11日、2年6か月で12日と、1日ずつ増えて行きます。そして3年6か月経過時点から2日ずつ加算され、最大付与日数は、6年6か月を経過した時点で与えられる20日間です。なお、取得した分は翌年に繰り越せますが2年で時効消滅するため、有給休暇は最大40日となります（労働基準法115条）。

なお、「全労働日の8割」を計算する際に、以下の場合は出勤した

ものとみなされます（労働基準法39条8項）。

① 業務上の負傷・疾病による療養のための休業期間
② 産前産後の休業
③ 育児・介護休業法による育児と介護休業
④ 有給休暇を取った日

■ 有給休暇中の賃金の金額

　労働者が有給休暇を取得する場合、使用者は労働者に賃金を支払わなければなりません。その金額は原則として、次のいずれかを就業規則等に定めて適用します。

① 平均賃金
② 所定労働時間労働した場合に支払われる通常の賃金
③ 標準報酬日額

　なお、②の所定労働時間労働した場合に支払われる通常の賃金を選択する場合、時間給制であれば「時間給×その日の所定労働時間数」で、日給制であれば日給を用いて算定します（同法則25条）。

■ 取得手続き

　有給休暇は、原則として労働者が「〇〇日に取得したい」と申し出た場合は、使用者がそれを別の日に変更することはできず、あくまでも労働者が請求した日に付与しなければなりません。これを従業員の時季指定権といいます（労働基準法39条5項）。

　ただし、労働者が有給休暇を取得することで、事業所が正常に運営されないような緊急の場合は、使用者はその日時を変更することができます。これを使用者の時季変更権といいます。この時季変更権が認められるには、その労働者が担当している業務の内容や、他の労働者との兼ね合いなどを考慮した上で、代替要員の確保が困難な状況であるという判断が必要です。一度に多数の労働者が休暇を取得してしま

い、施設の手が回らない、という状況下では、時季変更権の行使理由として該当すると判断されやすいです。しかし、この時季変更権の行使をめぐっては使用者と労働者の間でトラブルにつながることもあり、慎重な判断が必要です。

■ シフトにどう取り込むか

　介護施設は常に職員の誰かが常駐している必要性の高い職場であり、職員が代わる代わる予期していない時期に有給休暇を取得した場合、その時に働いている職員に大きな負担がかかる可能性があります。

　対策法としては、計画年休という制度を活用する方法が挙げられます。計画年休制度を用いることで、従業員が取得できる有給休暇のうちの何日かを、計画に沿った日にちで与えることができます。

　計画年休制度を導入する場合は、労使協定（労働者の過半数で組織する労働組合がある場合は労働組合、労働組合がない場合は労働者の過半数を代表する者との書面による協定）を締結する必要がありますが、この労使協定について労働基準監督署への届出は不要です。

　また、職員が取得するすべての有給休暇を計画年休に充てることはできず、少なくとも5日は職員の請求に応じて取得できるように残さなければなりません。

　なお、介護業界の場合はシフト制を用いる場合が多くあるため、計画年休制度を用いる場合は、月ごとのシフトを作成する際に用いる方法が効果的です。

■ 計画年休のメリット・デメリットとは

　有給休暇の計画的付与の方法には、①企業または事業場全体の休業による一斉付与方式、②グループ別の交代制付与方式、③年休付与計画表による個人別付与方式の3つがあります。

　この制度を活用すれば、使用者は有給休暇の日程を計画的に決めるこ

とができ、労務管理がしやすく計画的な業務運営ができるというメリットがあります。また、労働者も忙しい場合や休みを取りにくい雰囲気の中でも有給休暇が取りやすくなり、有給休暇の取得率が向上し、労働時間の短縮につながるというメリットがあります。一方、使用者は労使協定の締結等の手続きの手間がかかる、労働者は自分の都合のよい日を自由に有給休暇に指定することができないというデメリットもあります。

なお、労使協定によって有給休暇の計画的付与を決めた場合には、労働者の時季指定権も使用者の時季変更権も共に使えなくなります。

■ 有給休暇は買い上げることができる

有給休暇は法律に基づいて労働者に与えられた権利です。したがって、使用者が有給休暇を労働者から買い上げた上で日数を減らす行為や労働者から請求された日数の休暇を与えない行為などは、有給休暇の制度の趣旨に反するため労働基準法違反となります。

ただ、例外として、以下の３つのケースについては、使用者が有給休暇を買い上げることが認められています。

① 取得後２年が経過（時効が成立）しても未消化の日数分
② 退職する労働者が退職する時点で使い切っていない日数分
③ 法定以上に付与した日数分

■ 時間単位で取得することができる

時間単位の有給休暇とは、労働者が時間単位で有給休暇を取得する制度です。時間単位で取得できるようにするには、①労使協定の締結、②日数は年に５日以内、③時間単位で取得することを労働者が希望していること、が必要です。与える手続きについては、労使協定によって以下の@〜@の内容を定めなければなりません（労働基準法39条4項）。

ⓐ 時間単位で有給休暇を与えることができる労働者の範囲
ⓑ 時間単位で与えることができる有給休暇の日数（５日以内に限る）

ⓒ 時間単位年休１日の時間数（端数は時間単位に切上げ）

ⓓ その他厚生労働省令で定める事項（１時間以外の時間を単位とする場合の時間数など）

また、就業規則に規定し、変更手続きを行う必要があります。

特に女性の職員が多い介護施設では、介護職員自身が、家庭等において育児や介護に追われている場合があるため、休暇を取る場合が少なからずあります。給与を与えられながら、休暇を取得するためには、従来は、日単位で与えられる有給休暇の取得を希望するのみでした。しかし、時間単位の有給休暇の取得が認められれば、介護職員は、周囲への職員にかかる負担を極力抑えることができ、これまで以上に、自らの時間に合わせて介護職務に従事できます。また、介護施設側にとっても、貴重な人材である介護職員について、１日の途中から業務に入ってもらう、または途中で抜けてしまっても、それまで人材を確保できるという利点から、時間単位の有給休暇を認めることは、介護施設にとってもメリットが多くあります。

■ 有給休暇取得日数

週所定労働日数 ＼ 継続勤務年数	0.5	1.5	2.5	3.5	4.5	5.5	6.5以上
①通常の労働者、週の所定労働時間が30時間以上の短時間労働者	10	11	12	14	16	18	20
②週の所定労働時間が30時間未満の労働者							
週の所定労働日数が4日または1年の所定労働日数が169日〜216日までの者	7	8	9	10	12	13	15
週の所定労働日数が3日または1年の所定労働日数が121日〜168日までの者	5	6	6	8	9	10	11
週の所定労働日数が2日または1年の所定労働日数が73日〜120日までの者	3	4	4	5	6	6	7
週の所定労働日数が1日または1年の所定労働日数が48日〜72日までの者	1	2	2	2	3	3	3

線で囲んだ日数（10日以上付与）を付与された労働者は年休の５日付与義務の対象者

8 病気やケガをした際の制度について知っておこう

従業員が傷病手当金の支給申請を行うケースもある

■ 傷病手当金とは

　介護施設では、さまざまな年代の従業員が勤務をするケースが多くあります。したがって、突発的に病気やケガをし、時には長期間にわたり休養を必要とする事態に陥る可能性があります。

　しかし、このような場合に従業員が保有している有給休暇を消化してしまうと、いざという時や私用目的で休暇を取ることができなくなってしまいます。このような場合に備え、長期休暇の必要性が生じた際には、医療保険制度を活用する方法が有効です。公的医療制度である健康保険に加入している場合は、傷病手当金を受け取ることができます。施設の従業員には、このような手当金の存在を知らず、必要以上に有給休暇を取得しようとする者が見られるため、使用者としては手当金に対する正しい理解を深め、制度を整えることが重要です。

　傷病手当金とは、労働者（被保険者）が業務外の病気やケガで働くことができなくなり、その間の賃金を得ることができない場合に、健康保険から支払われる生活保障金のことです。傷病手当金の給付を受けるためには、療養のために働けなくなり、その結果連続して3日以上休んでいたことが要件になります。

　「療養のため」とは、療養の給付を受けたという意味ではなく、自分で病気やケガの療養を行った場合も含みます。「働くことができない」状態とは、病気やケガをする前にやっていた仕事ができないことを指します。軽い仕事だけならできるが以前のような仕事はできないという場合にも、働くことができない状態にあたります。

　傷病手当金の支給を受けるには、連続して3日間仕事を休んだこと

が要件になりますが、この3日間の初日（起算日）は、原則として病気やケガで働けなくなった日です。たとえば就業時間中に病気やケガをした場合は当日が、就業時間後に病気やケガをした場合は翌日が起算日になります。なお、この3日間は必ず連続している必要があり、会社などの公休日や有給休暇も含まれます。

　そして、休業して4日目が傷病手当金の支給対象となる初日です。支給額は、1日につき支給開始日以前12か月間の報酬月額の平均額÷30日×3分の2相当額です。ただし、会社などから賃金の一部が支払われたときは、傷病手当金と支払われた賃金との差額が支払われます。

　また、傷病手当金の支給期間は1年6か月ですが、出勤した日はカウントせず、欠勤した日のみを通算して1年6か月となります。これは、支給を開始した日からの暦日数で数えます。また、1年6か月間のうち、実際に傷病手当金が支給されるのは労務不能による休業が終わるまでの期間となります。

　なお、被保険者期間が1年以上あり、会社の退職日に傷病手当金を受給、または受給できる状態である場合は、退職後も受給期間が満了するまで傷病手当金を受けることができます。

■ 高額療養費制度により上限が抑えられる

　健康保険では、病院や診療所で治療を受けた場合、医療費の一部を本人が負担します。しかし、医学の発展に応じた高性能の治療具の開発などにより、長期入院や手術を受けた際の自己負担額が高額になる場合があります。

　このような自己負担額が一定の基準額を超えた場合に給付されるのが高額療養費です。高額療養費は、被保険者や被扶養者が同月に同病院で支払った自己負担額が、高額療養費算定基準額（自己負担限度額）を超えた場合、その超えた部分の額が支給されます。

　事前に医療費が高額化することが予想される場合は、「限度額適用

認定証」を活用することができます。方法としては、健康保険の保険者（全国健康保険協会または健康保険組合）に対して「限度額適用認定申請書」を提出することで、交付を受けることが可能です。ただし、一部の70歳以上の者は、限度額適用認定証が発行されません。

　高額療養費算定基準額は、図（次ページ）のように所得に比例して自己負担額が増加するように設定されています。平成27年1月より70歳未満の者の所得区分が3区分から5区分へ細分化されているため、注意が必要です。

　なお、図中の総医療費とは「療養に要した費用」のことで、暦月1か月内（1日〜末日）に通院した同じ診療科で支払った医療費の総額です。したがって、たとえ実日数が30日以内でも、2か月にまたがっている場合は合算できません。また、同月に同病院へ通院した場合でも、歯科と歯科以外では合算できません。

　そして、同じ診療科でかかった医療費については、入院・通院別に支給の対象になるかを計算していきます。この場合、差額ベッド代や食事療養費、光熱費などは、高額療養費の対象にはならないため注意が必要です。

　高額療養費に該当するかの判断は、領収書に記載されている一部負担額が保険内のものか保険外のものかで行われます。

■ 傷病手当金の支給期間 ……………………………………………………

支給開始日

	支給開始日から通算して1年6か月まで				
待期期間 （3日間）	欠勤 （傷病手当金受給）	出勤	欠勤 （傷病手当金受給）	出勤	欠勤 （傷病手当金受給）

■ 医療費の自己負担限度額 ……………………………………………………

●1か月あたりの医療費の自己負担限度額（70歳未満の場合）

所得区分	医療費の負担限度額	多数該当
標準報酬月額 83万円以上の方	252,600円＋ （総医療費－842,000円）×1%	140,100円
標準報酬月額 53万円〜79万円の方	167,400円＋ （総医療費－558,000円）×1%	93,000円
標準報酬月額 28万円〜50万円の方	80,100円＋ （総医療費－267,000円）×1%	44,400円
一般所得者 （標準報酬月額26万円以下）	57,600円	44,400円
低所得者 （被保険者が市町村民税 の非課税者等）	35,400円	24,600円

●1か月あたりの医療費の自己負担限度額（70〜74歳の場合）

被保険者の区分		医療費の負担限度額	
		外来（個人）	外来・入院（世帯）
①現役並み所得者（負担割合3割の方）	現役並みⅢ （標準報酬月額 83万円以上）	252,600円＋（総医療費－842,000円）×1% （多数該当：140,100円）	
	現役並みⅡ （標準報酬月額 53万〜79万円）	167,400円＋（総医療費－558,000円）×1% （多数該当：93,000円）	
	現役並みⅠ （標準報酬月額 28万〜50万円）	80,100円＋（総医療費－267,000円）×1% （多数該当：44,400円）	
②一般所得者 （①および③以外の方）		18,000円 （年間上限14.4万円）	57,600円 （多数該当：44,400円）
③低所得者	市区町村民税の 非課税者等	8,000円	24,600円
	被保険者とその扶養 家族すべての方の 所得がない場合		15,000円

9 業務中や通勤中の事故について知っておこう

労働災害に対する理解を深め、書類やマニュアルの準備をしておく

■ どんな場合が想定されるのか

労働者災害補償保険（労災保険）は、仕事中や通勤途中に発生した労働者のケガ、病気、障害、死亡に対して、迅速で公正な保護をするために必要な保険給付を行うことが主な目的です。その他にも負傷労働者やその遺族の救済を図るためにさまざまな社会復帰促進等事業を行っています。

一般的な従業員であれば、ケガや病気をしたときには、労災保険と健康保険という医療保険制度を利用します。仕事中や通勤中の被害であれば労災保険、業務外での被害であれば健康保険制度を利用して医療費の負担を軽減することができます。

介護業界では、比較的高齢の従業員も多く就労していることから、転倒や無理な力仕事などで負傷をするケースがあります。また、負傷した場合の休業期間も年配の労働者の方が若年世代よりも長めになりがちです。施設側としては、人員配置や業務内容などを、労働者に無理のない範囲内で検討し、労働災害を防ぐ策をとることが重要になります。

■ どのような手続きをするのか

労働災害が発生したときには、本人またはその遺族が労災保険給付を請求します。たとえば、保険給付には傷病（補償）年金のように職権で支給の決定を行うものもありますが、原則として被災者や遺族の請求が必要です。かかった医療機関が労災保険指定病院等の場合には、「療養の給付請求書」を医療機関経由で労働基準監督署長に提出しま

す。その際には、療養費を支払う必要はありません。

　しかし、医療機関が労災保険指定病院等でない場合には、いったん、医療費を立て替えて支払わなければなりません。その後「療養の費用請求書」を直接、労働基準監督署長に提出し、現金給付してもらうことになります。被害者などからの請求を受けて支給または不支給の決定をするのは労働基準監督署長です。この決定に不服がある場合には、都道府県労働局内の労災保険審査官に審査請求をすることができます。審査官の審査結果にさらに不服があるときは厚生労働省内の労働保険審査会に再審査請求ができます。労働保険審査会の裁決にも不服がある場合は、その決定の取消を求めて、裁判所に行政訴訟を起こすことになります。

　なお、労災の保険給付の請求には時効があり、2年以内（障害給付と遺族給付の場合は5年以内）に行わなければなりません。

■ 労災事故に備えてマニュアルなどを用意しておく

　労災事故は、いつ何時起こるかわからないものです。したがって、施設側は万が一の時に備え、事前にさまざまな対策をとる必要があります。具体的には、労働災害発生時に慌てることがないよう、申請時に必要となる書類や記入例などのマニュアルを事前準備しておくことや、施設近隣の労災指定病院を探し、リストアップしておくことなどが挙げられます。

　また、実際に災害が発生した場合の対応マニュアルの準備も有効です。実際の事態を事前に想定しておくことで、災害発生時のパニックを避けることができます。なお、業務中もしくは通勤中の負傷時には健康保険証の利用ができません。仮に使用してしまうと、後の返還手続きが煩雑となるため、その旨をマニュアルに明記しておくことが効果的です。

10 職員の時間外労働と割増賃金について知っておこう

適切な労働時間管理と時間に応じた賃金支払いが必要である

■ サービス残業とは

労働者が勤務時間外に働いている場合で、職場が労働基準法で定められている時間外労働手当を支払わない場合をサービス残業または賃金不払い残業といいます。

一般的にサービス残業となる場合は、経営者や上司などが自身の強い立場を背景に時間外労働を強制する場合が多く、社会問題となっています。介護業界においては、「深夜や休日に残業をさせておきながら適切な割増賃金を支払わない」といった問題があります。

サービス残業が常態化している職場では長時間労働が蔓延していることが多く、労働者の疲労がたまり、過労死やうつ病などの労災事故が生じる原因になります。長時間の過重業務についての労災認定基準は労働時間と労働時間以外の負荷要因を総合評価して労災認定することになります。

■ 介護施設における残業代の支払いをめぐるトラブルと対策

今後も高齢化が進むことが予想されていることから、介護にまつわる施設も増加し続けています。

したがって、より良い条件での待遇を求め、介護に携わる従業員が施設から施設へ転職するケースも想定されます。勤務する従業員に適切な残業代を支払っていなかった場合、それを理由に別の施設へ移ることもあります。その際に、退職した従業員が悪い噂を流した場合、その施設には優良な従業員が集まらなくなり、運営に支障をきたす可能性が生じます。

また、昨今は未払い残業代の訴訟トラブルが増加しており、退職した従業員が残業代の支払いを求めて労働基準監督署やユニオンに駆け込むケースもあります。適切に賃金が支払われていない事実が判明した場合、高額の賃金支払いが求められる可能性があります。このようなトラブルを防ぐためには、時間外労働や割増賃金についての適切な管理や支払いを行っていくことが重要です。

施設長などの指示に基づいて残業が行われるようにする

労働時間と時間外労働手当が一致しない場合の対策として、残業が発生する場合は必ず、施設長や上司の指示に基づくようにすることが大切です。

実際にルールを定める場合、就業規則や賃金規程を変更することになります。これらの変更を実施する場合、不利益変更にならないように従業員を代表する者から意見を聴かなければなりません。

反対意見があったとしても就業規則や賃金規程の変更が無効となるわけではありませんが、ここでの話し合いは非常に重要で、今後の従業員のモチベーションにも関わります。

割増賃金とは

使用者は、労働基準法37条により、労働者の時間外・深夜・休日労働に対して、通常の労働時間または労働日の賃金計算額の25％以上の率で割増賃金の支払義務を負うことになっています。

1日8時間、週40時間（特例措置対象事業の場合週44時間）の法定労働時間を超えて労働者を働かせた時間外労働の割増率は、25％以上です（月60時間を超える場合には50％以上）。また、午後10時から午前5時までの労働（深夜労働）についても、同様に25％以上となっています。

時間外労働と深夜労働が重なった場合は2つの割増率を足すことに

なるため、割増率は50％以上です。また、1週1日以上または4週4日以上と定められている法定休日に労働者を働かせた場合は、休日労働として35％以上の割増率となります。したがって、休日労働と深夜労働が重なった場合、割増率は60％以上と率が高くなっています。

■ 時間外労働をさせるための手続きと時間外労働の限度

　時間外労働をさせるためには、あらかじめ「時間外・休日労働に関する協定」（三六協定）を締結し、時間外労働時間の上限を設定しなければなりません。この協定を定めていたとしても、1か月あるいは1年以内に時間外労働をさせてよい時間の上限は定められています。これを時間外労働の限度基準といい、時間外労働の限度は一般の労働者の場合、「1週間：15時間、2週間：27時間、4週間：43時間、1か月：45時間、2か月：81時間、3か月：120時間、1年間：360時間」と定められています（次ページ図）。

　しかし、実際に時間外労働を45時間以下におさえることができない特別な事情がある場合は、「特別条項付き時間外・休日労働に関する協定」を締結して時間外労働時間の上限を設定することで、限度時間を超えて時間外労働をさせることができます。

■ 賃金の割増率 ……………………………………………………

時間帯	割増率
法定時間外労働	25％以上
法定時間外労働（月60時間を超えた場合の超えた部分）	50％以上 ※
法定休日労働	35％以上
法定時間外労働が深夜に及んだとき	50％以上
法定休日労働が深夜に及んだとき	60％以上

※法定時間外労働が1か月60時間を超えた場合に支払われる残業代の割増率については、
　令和5年4月1日より、中小企業に適用される。

ただし、1か月60時間を超える時間外労働をさせた場合は50％以上の割増賃金を支払わなければなりません。

　また、1か月の時間外労働が60時間未満であっても45時間を超える、つまり「特別条項付き時間外・休日労働に関する協定」を締結して時間外労働をさせる場合は、協定において限度時間を超える時間外労働に係る割増賃金率を定めなければならず、その割増賃金率は25％を超えるように努めなければなりません。

　なお、限度時間を超える時間外労働をできるだけ短くすることも努力義務としています。従わなかったからといって労働基準法上の罰則はありませんが、労働基準監督署よりその是正を求めるなどの必要な助言・指導を受けることになります。

■ 三六協定の締結事項と限度時間 ……………………………………

臨時的な特別の事情があって労使が同意する場合（年6か月まで）

時間外労働
…年720時間以内
時間外労働＋休日労働
…月100時間未満、
2〜6か月平均80時間以内

原則の上限時間

1か月45時間　年360時間（休日労働含まず）

11 シフト制と変形労働時間制について知っておこう

業務の実態に応じた労働時間制をとることが重要である

■ シフト制を確立することの重要性

　介護施設には、さまざまな高齢者が利用しています。利用者の状態はさまざまで、時には夜中に介助が必要となるケースが生じることもあります。そのため、施設内の職員は、24時間体制で施設利用者をサポートしていく必要があります。

　しかし、ただ単に同じ職員を継続して24時間働かせるということはできません。労働基準法では、職員に労働を従事させる時間は1日8時間と定められています。したがって、使用者は、24時間を8時間で除した数である3種類の勤務時間帯に分類して職員を割り振り、業務に従事させなければなりません。これを三交替勤務制といいます。

　三交替勤務制を採用した場合、勤務時間の間に猶予時間がなく、交替勤務を続けた場合の職員の疲労度が増すというデメリットがあります。また、勤務時間が深夜の場合、公共交通機関が不足し通勤することが困難になる場合もあります。

　そのため、現在の介護業界では、夜勤を行わせる場合は深夜時間帯から早朝まで継続して業務に従事させるという二交代勤務制を採用するケースが多くあります。ただし、この制度で夜勤に従事する場合は10時間以上の長時間勤務となるため、職員の健康状態を常に気にかけ、配慮を行うことが必要不可欠です。また、その際は後述する変形労働時間制を導入する必要があります。

■ 宿直、オンコールなどと割増賃金の支払いの有無

　宿直とは、職員が職場である介護施設に泊まり込むことです。宿直

については労働基準法による定めがあり、労働基準監督署長の許可を取得することで、宿直中の時間帯を労働時間に参入することを免れることができます。

　しかし、たとえ宿直の時間帯でも緊急を要する業務に従事した場合や呼び出しをされた場合などは、労働時間として扱われます。この場合の労働時間の計算は、時間外労働として割増率を乗じて算出します。また、対象となる時間帯が深夜に及ぶ場合は深夜労働、休日に及ぶ場合は休日労働として扱われ、それぞれの率が割増率に加算されます。

　一方、オンコールとは、緊急の呼び出しに備えて自宅で待機していることをいいます。宿直と同じく労働時間とは扱われないものの、出勤し業務に従事した場合は割増賃金が必要です。いつ呼び出しがあるかわからない状況下では、休日などの場合と比べて落ち着かず、緊張を伴う状態となることが現実です。したがって、オンコール時間帯に対する手当を支給する方法も有効です。

■ 変形労働時間制とは

　二交替勤務制を採用する場合、従業員に対し1日8時間以内という法定労働時間を超えて業務に従事させることがあります。何も手続きせずに法定労働時間を超えて従事させると違法となり、また、実際の労働時間に応じた賃金を支払う場合は割増賃金の加算が必要となり、給与計算が複雑なものとなります。そこで、二交替勤務制を採用する場合は、変形労働時間制という制度を導入することが必要です。

　変形労働時間制とは、一定の期間を通じて、平均して「1週40時間（44時間の特例あり）」の原則を守っていれば、期間内の特定の日や特定の週に「1日8時間、1週40時間」を超えて労働させてもよい、という制度です。労働基準法で認められている変形労働時間制には、次の3種類があります。

①　1か月単位の変形労働時間制

② 1年単位の変形労働時間制

③ 1週間単位の非定型的変形労働時間制

なお、満15歳以上（満15歳になった日以後の最初の3月31日までの者を除く）18歳未満の者（年少者）を、変形労働時間制によって労働させることは原則としてできません。

■ 1か月単位の変形労働時間制を導入するには

1か月単位の変形労働時間制とは、1か月以内の一定期間において1週間の労働時間が平均して40時間を超えなければ、特定された日または週に法定労働時間を超えて労働させることができる制度です。

たとえば、月末月初のみ忙しくなる仕事のように、1か月の中で仕事量に繁閑のある業種や職種に利用できます。

ただし、1か月単位の変形労働時間制をとるためには、労使協定または就業規則その他就業規則に代わるものによって、1か月以内の一定の期間を平均して、1週間あたりの労働時間が法定労働時間を超えない旨の定めをしなければなりません。

具体的には、以下の①〜⑤のような事項について、あらかじめ定めておく必要があります。就業規則に規定する場合には「各日の始業・終業時刻」を規定する必要があることに注意が必要です。逆に、労使協定による場合には、その協定の有効期間を定めなければなりません。

また、労使協定による場合は、その協定を事業場の所在地を管轄する労働基準監督署に届け出ることになります。

1か月単位の変形労働時間制の採用にあたっては、1か月単位の変形労働時間制について定めている労使協定または就業規則などに定める事項をよく確認するようにしましょう。

① 1か月以内の一定の期間（変形期間といいます）とその期間の起算日

② 対象労働者の範囲

③ 変形期間の1週間平均の労働時間が40時間を超えない定め

④　変形期間の各日、各週の労働時間
⑤　各日の始業・終業時刻（労使協定による場合は「有効期間の定め」が必要になる）

　なお、変形期間について、法定労働時間の総枠を超えて各週の所定労働時間を設定することはできないため、注意が必要です。

■ 1か月単位の変形労働時間制と時間外労働

　変形労働時間制は、法定労働時間制の変形です。したがって、特定の週、特定の日に「週40時間、1日8時間」を超える労働時間が定められたとしても、超えた部分は時間外労働にはなりません。割増賃金の支払いが必要となる時間外労働になるのは、①1日については、8時間を超える時間を定めた日はその時間、それ以外の日は8時間を超えて労働した時間、②1週間については、40時間（特例の場合は44時間）を超える時間を定めた週はその時間、それ以外の週は40時間を超えて労働した時間についてです。そのため、すでに時間外労働とされた時間を除いて、③変形期間の法定労働時間の総枠を超える時間も時間外労働になります。そして、時間外労働となる労働時間については、当然ながら割増賃金が必要です。なお、1か月単位の変形労働時間制の対象期間は、1か月に限定されることはなく、3週間などの1か月以下の期間であれば認められます。

　変形労働期間制における法定労働時間の総枠は、「1週間の法定労働時間×変形期間の日数／7」の数式により求められます。

　たとえば、変形期間を1か月としている事業所で、週の法定労働時間が40時間の場合だとします。1か月が30日の月の労働時間の総枠は171.4時間（＝40時間×30日÷7）です。

　したがって、1か月が31日の月の場合は177.1時間（＝40時間×31日÷7）、同じく1か月が28日の月の場合は160時間（＝40時間×28日÷7）となります。

12 施設のメンタルヘルス対策について知っておこう

チームワークが必要な介護施設では職員のメンタルヘルスに注意が必要

■ 使用者にはメンタルヘルスに対する安全配慮義務がある

　昨今は、メンタルヘルスに不調をきたす労働者が増加しており、問題視されています。

　長時間労働や施設の人間関係問題を原因として、職員が精神的に不健康な状態に陥った場合、何らかの身体的症状が現れる可能性があります。たとえば、自殺などの危険性やだるさ、無気力などの症状により日常生活や会社の業務に支障をきたした職員がいる場合、職員自身に加え周囲の人にも何らかの影響を及ぼします。

　使用者である介護施設は、事故や過労死などを招かないように職場環境や労働条件などを整備し、職員が精神疾患を発症しないようメンタルヘルス対策を講じて職場改善の取り組みを行い安全に配慮する義務があります。

　こうした事態を受けて、厚生労働省では「労働者の心の健康の保持増進のための指針」を策定し、労働者の健康を守るための措置として、メンタルヘルス対策の実施手順について定めています。

■ メンタルヘルス対策の必要性

　職員の「身体面の健康管理」と同様に、職員の「精神（心）の健康を保つ」ためのケアも、今や施設にとって必須の業務となっています。

　まずは、心の病を患う職員を実際に出さないよう、未然に防ぐ対策をとることが何よりも大切なことです。メンタルヘルスの重要性が取りざたされる中、近年では産業カウンセラーなどの職場の心の問題に取り組む専門機関が増加しています。場合によっては施設外の機関に

アドバイスを求めることも効果的です。

　また、メンタルヘルス・マネジメント検定試験など、職員が安心して働けるようにメンタルヘルス不調者を防ぐための対処方法を得ることができる資格もあります。施設内でこのような資格の取得を促し、講習会を開催することも有効な手段のひとつです。

　実際に施設の職員が心の病と判断された場合は、就業規則等の休職制度を利用して十分に休養を取らせることが第一の手段です。そのためには施設であらかじめ休職に関する規定を設けておく必要があります。同時に、専門医師によるカウンセリングや適切な投薬などの治療に専念してもらいます。そして、回復後に業務復帰する際（復職）も注意が必要です。特にメンタルヘルスの不調の場合は、再発の可能性が十分に考えられます。そのため、リハビリ期間を設けるなどで段階を踏み、職場復帰できるよう、配慮することが必要です。

　また、精神障害等の労災認定や、専門機関と提携して社員をケアする体制を整えるなど、施設内の安全衛生管理に関する規程を整備しておくことも重要です。

　労働基準法や労働安全衛生法などの法律や指針などにも目を通し、いざという場合に法的責任を追及されないよう、施設としての責任を果たすことは当然の義務となります。

■ 過重労働による健康障害の防止のための措置

　心の健康を損ねる大きな原因の一つに「過重労働による蓄積疲労」があります。

　時間外や休日に勤務し、休養を取らずにいると、心身の疲労を回復する時間がとりづらくなります。それが積み重なることによって、職員の脳や心臓疾患の危険性が増すだけでなく、精神的なバランスも崩してしまいます。このような事態を受けて、厚生労働省では「過重労働による健康障害防止のための総合対策」を策定し、施設が講じるべ

き措置を示しています。

■ 介護現場ではどんな点が問題になるのか

　介護施設は職員のメンタルヘルスに注意を配る必要があります。これは、職員自身にとっても重要であると共に、介護業務にとっても、職員1人のメンタルヘルスに支障があることは、非常に重大な問題です。

　なぜなら、介護業務は、一般にチームワークが重要になるためです。職員それぞれは、お互いに代わりのきく人材ではなく、それぞれの職員が与えられた職務を適切にこなすことで、利用者にとって快適な施設の運営を可能にしています。したがって、介護職員の中にメンタルヘルスに問題を抱えた職員を発見した場合には、速やかに改善へ向けた処置をとる必要があります。また、ストレスチェックを行い、職員のメンタルヘルス不調を未然に防止（一次予防）し、その段階で職員の異変に気付くことが重要です。

　また、介護施設は夜間勤務があります。したがって、他の業種に比べて、不規則な勤務形態にならざるを得ないことから、職員のメンタルヘルスに影響をもたらしやすい職場環境だといえます。このような介護施設特有の職場環境も考慮に入れた上で、職員のメンタルヘルスに注意を払う必要があります。

■ メンタルヘルスをめぐるさまざまな法律・指針 ⋯⋯⋯⋯⋯⋯⋯

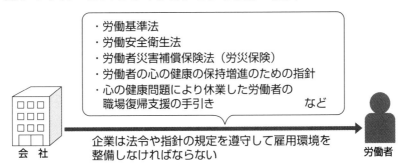

・労働基準法
・労働安全衛生法
・労働者災害補償保険法（労災保険）
・労働者の心の健康の保持増進のための指針
・心の健康問題により休業した労働者の
　職場復帰支援の手引き　　　　　　など

会　社

企業は法令や指針の規定を遵守して雇用環境を
整備しなければならない

労働者

13 職員のケアをどのように行えばよいのか

不規則な職場環境に応じて適切なケアを行う必要がある

どんな内容なのか

　職員のメンタルヘルスを守るために重要なガイドラインとなっているのは、厚生労働省が公表している「労働者の心の健康の保持増進のための指針」です。

　この指針は、職場において介護施設が行うべきである職員の心の健康を守るための措置について定めています。メンタルヘルスに対する基本的な考え方として、健康情報を含む労働者の個人情報に配慮することが必要であること、心の健康は労働環境と関係して生じているので人事労務管理と連携して問題の解決にあたること、職場だけでなく家庭においてストレスにさらされさまざまな要因が複合して職員の心の健康問題を生じている可能性があること、などが示されています。

　ガイドラインでは、メンタルヘルスをケアするために、①セルフケア、②ラインによるケア、③事業場内産業保健スタッフなどによるケア、④事業場外資源によるケアという4つの方法が示されています。

　セルフケアとは、職員自身がストレスや心の健康について理解し、自らのストレスに気づき、予防・軽減するというメンタルヘルスケアの方法です。次に、ラインによるケアとは、職員と日常的に接する他の職員などが、心の健康に関して職場の環境を改善したり職員との相談に応じることで行うメンタルヘルスケアのことです。メンタルヘルス対策の中で管理監督者の役割が重要になります。

　また、事業場内産業保健スタッフなどによるケアとは、施設内の産業医などが、職場における心の健康づくり対策の提言を行い、職員を支援することで行うメンタルヘルスケアのことです。そして、事業場

90

外の外資源によるケアとは、外部の機関や専門家を活用し、その支援を受けることで行うメンタルヘルスケアのことです。また、職場復帰における支援も含まれます。

■ どのように取り組んでいったらよいのか

　介護施設がメンタルヘルスの問題に取り組む際には、何をどのように進めていくのか、どの範囲まで施設が関わる必要があるのかといったことが問題になります。施設内で起こる突発的な事故や中皮腫をはじめとする職業病など、身体的なケガや病気と違い、メンタルヘルスは発症の原因が多岐にわたるため、明確な対策が立てにくいという特徴があります。そのような現状をふまえ、厚生労働省は、ガイドラインの中で、メンタルヘルス対策を行う際には、まず各施設における労働安全衛生に関する計画の中に、施設ごとの実態を考慮して策定した「心の健康づくり計画」を位置付けることが望ましいと示唆しています。

　一口にメンタルヘルスと言っても、各施設が問題視しているポイントはそれぞれ違います。特に介護施設は、交替制の現場であり、必ずしも整理が行き届いていない職場環境であり、比較的、固定された人間関係の中で業務を行う職場だといえます。また、夜勤回数が他の職場よりも多く、離職・転職が著しく多い現実があるという、他の職種とは異なる特色を持っています。そのため、外部との接触が少なく、ストレスがたまりやすい職場ではストレス軽減のための予防対策に重点を置く必要があります。すでに心の健康を害して休職している人が多く出ている場合には、予防だけでなく復職できる環境を整えること、そして復職後の対応が問題になります。何よりもまず各施設の現状を正確に把握することが重要になるといえるでしょう。

■ いろいろなケアの仕方がある

　具体的なメンタルヘルスケアの方法としては、前述のガイドライン

に掲げられている4つの方法に従って、以下のようにまとめることができます。

① セルフケア

　職員自身が行うメンタルヘルスケアです。ストレスや心の健康についての理解を深め、自らストレスや心の問題を抱えていることに気づくこと、気づいた際にどのような対処方法があるかを知ることなどがその内容となります。介護施設は、研修の機会を設けるなど、職員がセルフケアをすることができるように支援する必要があります。

② ラインによるケア

　管理監督者が行うメンタルヘルスケアです。職員の労働条件や職場環境などをチェックし、過重なストレスがかかっている場合などには改善を進めていきます。また、何らかの問題を抱えた職員の相談を受ける窓口としての役割を担うことも求められます。施設は、管理監督者がこのようなケアを実施することができるよう、教育する必要があります。

　不規則な交代制勤務や専門職であるにもかかわらず低賃金であること、認知症の利用者のケアにおける負担など、介護職員は強いストレスにさらされることが多いです。ストレスが原因で、介護ケアの質が低下してしまい、利用者との間でトラブルが起こる原因にもなりかねません。職場の人間関係を改善すること、労働環境をよりよく整備していくことが、職員のストレス軽減のための最善の方法です。

　そこで、介護職においては、ラインケアが特に有効であり、中でも職員のことを一番に把握している介護リーダーの役割が非常に重要になっています。介護リーダーが職員と一緒に、職場環境や業務内容における問題を検討し、施設全体としての解決策を探るきっかけづくりを行うことで、介護職におけるメンタルヘルスの改善につなげていく姿勢が大切です。

③ 事業所内のスタッフなどによるケア

　事業所内に設置した専門スタッフによるメンタルヘルスケアです。

専門的な立場から助言・指導などを行う産業医や衛生管理者、保健師、心の健康づくり専門スタッフ（産業カウンセラー、臨床心理士、心療内科医など）などが相談を受け付ける他、セルフケアやラインによるケアなどが効果的に行われるよう、支援する役割を担います。介護施設は、実情に応じて必要な専門スタッフを配置する必要があります。

④　**事業所外の専門機関等によるケア**

施設内に専門スタッフを配置できない場合やより専門的な知識を必要とする場合には、施設外の専門機関を活用してメンタルヘルスケアを行うのも一つの方法です。

主な専門機関としては、メンタルヘルス対策支援センターなどの公的機関の他、民間の専門医療機関などがあります。

■ メンタルヘルス対策をする上で大切なこと

計画を立て、実際にメンタルヘルス対策を実行していく際には、次のような点を念頭に置いておく必要があります。

①　**メンタルヘルスの特性**

人が心の健康を害する要因はさまざまです。同じ職場環境下に置かれても、本人の性格的なことやプライベートの状況などによって発症する人もいればしない人もいます。症状にも個人差がありますし、治癒までの過程も千差万別です。また、突然症状が現れたように見えても、実は長い時間をかけて負荷がかかり続けていたという場合も多く、原因が把握しにくいという特性があります。問題があっても周囲がなかなか気づくことができず、本人もある程度自覚はありながら積極的に治療しないというケースも多いので、定期的なチェックが望ましいといえるでしょう。

②　**職員のプライバシー保護**

メンタルヘルス対策は、職員の心という最もプライベートな部分に踏み込む行為です。その情報が確実に保護されるという保証がなけれ

ば、職員は相談して、情報を提供すること自体、躊躇してしまいます。情報を漏らさない、必要なこと以外には使用しない、使用にあたっては本人や医師などの同意を得るなど、プライバシー保護に関して細心の注意を払うことが重要です。また、相談された際はまずは職員の気持ちに寄り添い、傾聴することが大切です。

③　人事労務管理との協力

　介護施設におけるメンタルヘルスの問題は、就業時間や業務内容、配属・異動といった人事労務の部分が密接に関係してきます。相談窓口を設けて、個人情報の保護に配慮するなどの対策を講じても、人事労務部門との連携が不十分であれば、その対策の効果が半減してしまいますので、協力してメンタルヘルス対策に取り組んでいく体制を整える必要があります。

■ 予防から再発防止まで

　メンタルヘルス対策には、①発症そのものを予防する対策、②発症を早期発見・早期治療する対策、③治療後の再発を予防する対策という３つの段階があります。この３つの段階は、それぞれ１次予防、２次予防、３次予防などと呼ばれています。具体的な内容としては、下図のようなものが挙げられます。

■ 予防から再発防止までの予防対策 ……………………………………

1次予防	2次予防	3次予防
労働者のメンタルヘルス不調を未然に防止する対策をとること	メンタルヘルス不調を早期に発見し、早期に適切な措置を講じるための対策をとること	メンタルヘルス不調から回復して復職する労働者に対して、円滑な復職と再発防止対策をとること

14 ストレスチェック制度について知っておこう

50人以上が従事する施設では実施が義務付けられる

■ストレスチェックとは

ストレスチェックとは、いわば定期健康診断のメンタル版で、施設側が労働者のストレス状況を把握することと、労働者側が自身のストレス状況を見直すことができる効果があります。

具体的には、労働者にかかるストレスの状態を把握するため、アンケート形式の調査票に対する回答を求めます。内容は、仕事状況や職場の雰囲気、自身の状態や同僚・上司のコミュニケーション具合など、さまざまな観点の質問が設けられています。ストレスチェックで使用する具体的な内容は、施設側が自由に決定できますが、厚生労働省のホームページから「職業性ストレス簡易調査票」を取得することも可能です。

職場におけるストレスの状況は、職場環境に加え個人的な事情や健康など、さまざまな要因によって常に変化します。そのため、ストレスチェックは年に一度以上の定期的な実施が求められています。

なお、ストレスチェックの実施についての罰則規定はないものの、労働基準監督署に「検査結果等報告書」を提出しなかった場合は罰則規定の対象となります。ただし、50人未満の会社の場合は報告書の提出義務や罰則は設けられていません。

ストレスチェックの対象は労働者が常時50人以上いる事業所で、年に1回以上の実施が求められています。その上で、「検査結果等報告書」を労働基準監督署長へ提出する必要があります。報告書へは、検査の実施者や面接指導の実施医師、検査や面接指導を受けた労働者の数などを記載します。

なお、対象となる労働者は常時雇用される労働者で、一般健康診断の対象者と同じで、通常の４分の３以上の労働時間で働くスタッフも対象です。ただし、派遣労働者の場合は、所属する派遣元で実施されるストレスチェックの対象になります。

■ ストレスチェックは労働者の義務なのか

ストレスチェックを受けることは労働者の義務ではありません。労働者にストレスチェックを強要することはできず、拒否する権利が認められています。しかし、ストレスチェックはメンタルヘルスの不調者を防ぐための防止措置であるため、施設側は拒否をする労働者に対して、ストレスチェックによる効果や重要性について説明した上で、受診を勧めることができます。

なお、ストレスチェックを拒否した労働者に対して、会社側は不当な解雇や減給などの不利益な取扱いを行ってはいけません。

■ ストレスチェック実施時の主な流れとは

ストレスチェックについては、厚生労働省によりさまざまなルールが設けられています。ストレスチェックを実際に実施する場合の具体的な流れについては、次ページ図のようになっています。

事業者は、面接指導の結果に基づき労働者の健康を保持するために必要な措置について、医師の意見を聴かなければなりません。医師の意見を勘案（考慮）し、必要があると認める場合は、事業者は就業場所の変更・作業の転換・労働時間の短縮・深夜業の回数の減少などの措置を講ずる他、医師の意見の衛生委員会等への報告その他の適切な措置を講じなければなりません。

また、ストレスチェック、面接指導の従事者には、その実施に関して知った労働者の秘密の守秘義務があります。

■ 介護職員のストレスチェックを行う場合の注意点

特に規模の大きい介護施設では、ストレスチェックの実施が義務付けられた50人以上の従業員が業務に従事しています。

介護施設には、通常の会社のような部や課などの組織が設けられていないケースが通常です。したがって、このような施設で実際にストレスチェックを行う場合は、業務を行うフロアや業務の内容が同じグループごとに実施をしていきます。たとえば、実際に介護サービスを提供する介護職や看護師、ケアプランを作成するケアマネジャー、契約や管理、施設の用具の購入に携わる営業スタッフ、総務や経理を行う事務スタッフなどに分類されます。

ただし、ストレスチェックの実施は、各従業員のプライバシーに配慮した方法で行う必要があります。したがって、単位が少数のグループの場合は、評価の平均の値を算出するなどで、特定の人物が想定されないような方法をとることが有効です。

■ ストレスチェックの流れ ··

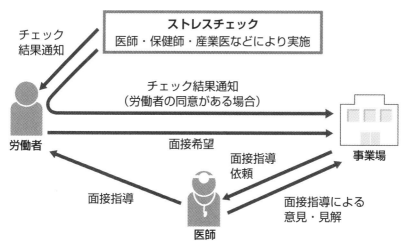

書式　心理的な負担の程度を把握するための検査結果等報告書

様式第6号の2（第52条の21関係）（表面）

心理的な負担の程度を把握するための検査結果等報告書

```
8 0 5 0 1
```

労働保険番号	1 1 1 1 1 1 1 1 1 1 1 1 1 1 1 1 1 1 1 1 1 1 1 1
	都道府県 所掌 管轄 基幹番号 枝番号 被一括事業場番号

対象年	7:平成 9:令和 →	元号 9 年 0 5 年分 1～9年は右↑	検査実施年月	7:平成 9:令和 →	元号 年 月 9 0 5 1 0 1～9年は右↑ 1～9月は右↑

事業の種類	社会保険・社会福祉・介護事業	事業場の名称	ケアセンター○○

事業場の所在地	郵便番号（○○○-○○○○）　東京都新宿区○○	電話　○○○（××××）△△△△

		在籍労働者数	1 2 5 人
			右に詰めて記入する↑

検査を実施した者	1	1：事業場選任の産業医 2：事業場所属の医師（1以外の医師に限る。）、保健師、歯科医師、看護師、精神保健福祉士又は公認心理師 3：外部委託先の医師、保健師、歯科医師、看護師、精神保健福祉士又は公認心理師	検査を受けた労働者数	1 1 3 人 右に詰めて記入する↑

面接指導を実施した医師	1	1：事業場選任の産業医 2：事業場所属の医師（1以外の医師に限る。） 3：外部委託先の医師	面接指導を受けた労働者数	2 人 右に詰めて記入する↑

集団ごとの分析の実施の有無	1	1：検査結果の集団ごとの分析を行った 2：検査結果の集団ごとの分析を行っていない

産業医	氏名	間　太朗
	所属機関の名称及び所在地	東新宿病院　新宿区東新宿3-5-2

令和6年 2月 1日

事業者職氏名　ケアセンター○○　産業　太郎

新宿　労働基準監督署長殿

受付印

折り曲げる場合は、◀の所を谷に折り曲げること

98

15 退職について知っておこう

後のトラブルを防ぐための対処法が必要になる

■ 事務処理上気をつけること

　介護職は、気力・体力を要し、夜勤などの場合は拘束される時間が長いため、他の業種と比べて離職率が高いことが現在も問題視されています。主な離職理由としては、「待遇（賃金、労働時間）に不満があったため」「自分・家庭の事情（結婚・出産・転勤等）のため」「施設の経営理念や運営のあり方に不満があったため」「職場の人間関係に不満があったため」などが挙げられます。

　人の出入りが多い業界であるからこそ、「またか」とあきらめの方向に向かうことはせず、退職者の退職経緯を業務内容の問題提起につなげ、今後の経営につなげていく方法をとることが重要です。

　また、遠方の取引先と関係を持つ会社などとは異なり、介護施設はその近隣の住民が入所する場合や職員として採用されるケースが多く、地域に根付いた業種だといえます。そのため、施設に不備や不手際が生じた場合、噂が広がり業務に支障が出るケースがあります。そのため、退職者が発生した場合も「円満退職」を心がけた対応をとる方が今後のためにも有効だといえるでしょう。

　実際に「辞めたい」という職員が発生した場合、まずは退職届の提出を求めることが重要です。法律では、退職の意思は口頭で行えば足りるとされていますが、口頭の場合は後に「言った言わない」の押し問答になることがあり、また賃金の計算や有給休暇のカウント、保険の喪失手続きなどの際に揉め事が起こる可能性があります。

　このようなトラブルを防ぐため、必ず退職日の日付を入れた退職届を提出させる必要があります。また、退職の理由についても入念に確

認し、書面として残すことで、手続きがよりスムーズになります。

　施設が行う退職時に必要となる手続きには、所得税や住民税などの税金に関する手続きや、社会保険・雇用保険に関する手続きがあります。「〇日以内に届け出る」といった期限が設けられている届出もあるため、退職者の発生時には迅速に行う必要があります。雇用保険の手続きに関しては、失業した際に受給できる給付につながる手続きであるため、特に早く手続きをする必要があります。

　また、社会保険の場合は、退職後の進路により加入先が異なるため、各加入先の案内を退職者に対して行うほうがよいでしょう。たとえば、健康保険の場合は、これまで加入していた健康保険に引き続き加入（任意継続）する場合（手続きは退職日の翌日から20日以内）や国民健康保険、または家族や親族の扶養に入る方法などが挙げられます。

■ 突然出社しなくなった職員がいた場合

　介護職員が、ある日突然、無断欠勤を繰り返し、連絡を取ることもできなくなってしまうという場合には、どのように対応すべきなのでしょうか。介護施設としては、まずは繰り返し、職員と連絡を取ることを試みて、職員の状況を確認する必要があります。具体的には、職員の自宅を訪問する・手紙を送る・身元保証人に連絡するなど、さまざまな方法で連絡に努めましょう。また、人間関係のトラブルが生じやすい介護施設では、日頃から職員の様子に注意しましょう。

　特に、介護施設が注意すべきなのは、無断欠勤等が長期間におよぶと、月末にかけて給与の支払いや社会保険料の負担に関する問題が生じる点です。そこで、たとえば無断欠勤が続く場合には、就業規則において日数を定めておくことで、その日数が経過した際は職員は退職扱いになる旨を入れておくことで、社会保険料の問題に対して備えておく必要があります。また、2週間以上無断欠勤が続くことが、無断欠勤による解雇が正当と判断されるための目安のため、日数を定める

際は２週間以上の期間に設定した方がよいでしょう。

■ 退職者の年次有給休暇について

退職者にまだ取得していない有給休暇がある場合は注意が必要です。労働基準法によれば、労働者が有給休暇の取得を申し出た場合は、使用者はこれを拒否することができないとされています。したがって、退職者が「退職日までの間を有給休暇として扱って欲しい」と申し出てきた場合は、施設はこれを容認する必要があります。

ただし、勤務日以外の日を有給休暇として扱うことはできないため、実際に退職するまでの日数を超えた有給休暇を保有した退職者がすべての有給休暇の消化を求めた場合は、施設は退職日を後ろにずらす方法や、労使の合意により有給休暇を買い上げる方法をとります。

有給休暇の買上げについての法律の定めは特に設けられていないため、実施する場合は後にもめる可能性を防ぐために書面による合意書を作成する方法が有効です。

■ 引継ぎについて

退職者が発生した場合、最も留意しなければならないのが業務に穴を空けないことです。介護職は特に人を相手とした業務であるため、一律に作成されたマニュアルでは図り切れない内容の注意点が存在する可能性があります。そのため、引継ぎ期間を十分に設けることが重要です。施設利用者に不安感や不信感を抱かせないためにも、退職者と引継者が連携して業務を引き継いでいく必要があります。引継ぎを受ける者を新たに採用する場合は、引継ぎ期間を考慮して勤務開始日を設定しなければなりません。

退職者が有給休暇の取得を希望し、十分な引継ぎ期間がとれない場合は、利用者のためにも新たに業務を引き受ける者のためにも引継ぎが不十分とならないよう、退職者と話し合って調整していく必要があります。

16 解雇はどのように行うのか

解雇予告をしなければ原則として解雇できないが例外もある

解雇の種類と制限

　退職の一形態に解雇があります。解雇とは、会社などの組織が組織の都合で従業員との雇用契約を解除することです。介護施設の場合であれば、「施設の経営者や管理監督者の方から従業員（職員・スタッフ）との雇用契約を解除する」ということを意味します。解雇は、その原因により、普通解雇・整理解雇・懲戒解雇に分けられます。整理解雇は業績不振による合理化など施設経営上の理由に伴う人員整理のことで、リストラともいいます。懲戒解雇は、たとえば従業員が施設の備品を盗んだ場合のように、組織の秩序に違反した者に対する懲戒処分としての解雇です。それ以外の解雇を普通解雇といいます。たとえば、職員の勤務態度不良や能力不足を理由とする解雇は通常、普通解雇にあたります。

　解雇については法律上、さまざまな制限があります。まず、従業員が業務上負傷し、または疾病にかかり療養のために休業する期間及びその後30日間は解雇が禁止されています（労働基準法19条）。その他にも、労働基準法、労働組合法、男女雇用機会均等法、育児・介護休業法などの法律により、解雇が禁止される場合が定められています。

　また、法律上解雇が禁止される場合に該当しない場合であっても、解雇に関する規定が就業規則や雇用契約書にない場合、施設経営者は解雇に関する規定を新たに置かない限りは解雇できません。さらに、労働契約法で、解雇は、客観的に合理的な理由がなく、社会通念上相当と認められない場合は、その権利を濫用したものとして無効とされます（労働契約法16条）。一度軽微な問題行為を行っただけで、改善の機会

を一切与えずに行うような解雇処分は無効とされる可能性があります。

■ 解雇予告手当を支払って即日解雇する方法もある

従業員を解雇する場合、施設は原則として解雇の予定日より30日前にその従業員に解雇することを予告しなければなりません。しかし、どんな場合でも30日先まで解雇できない場合、問題が生じるケースがあります。このようなケースの際に、即日解雇する場合は30日分以上の平均賃金を解雇予告手当として支払わなければなりません（労働基準法20条）。また、解雇予告手当は即日解雇する場合だけでなく、たとえば15日間は勤務してもらい、残りの15日分の解雇予告手当を支払う、などの形で行うこともできます。なお、解雇予告手当を支払った場合は、必ず受領証を提出してもらうようにしましょう。

■ 解雇予告が不要な場合

通常、解雇を行う場合は解雇予告や解雇予告手当の支払いが必要ですが、①雇い入れてから14日以内の試用期間中の従業員、②日雇の従業員（日雇労働者）、③雇用期間を2か月以内に限る契約で雇用している従業員、④季節的業務を行うために雇用期間を4か月以内に限る契約で雇用している従業員については、例外として解雇予告不要とされています。

なお、試用期間中の従業員であっても、すでに15日以上雇用している従業員を解雇する場合には、解雇予告や解雇予告手当が必要です。

■ 解雇予告手当の支払いが不要になるケースもある

以下のケースにおいて従業員を解雇する場合は、解雇予告あるいは解雇予告手当の支払は不要とされています。
① 天災事変その他やむを得ない事由があって事業の継続ができなくなった場合（地震や火災、津波によって、事業の継続ができない場合など）

② 従業員に責任があって雇用契約を継続できない場合（懲戒解雇事由にあたるような問題のある従業員を解雇する場合など）

　ただし、①や②に該当した場合でも労働基準監督署長の認定が必要です。①に該当する場合には解雇制限除外認定申請書を、②に該当する場合には解雇予告除外認定申請書を提出しなければなりません。

■ 解雇の通知は書面で行うようにする

　従業員を解雇する場合、後の争いを避けるためにも書面で通知する方法が有効です。書面には、「解雇予告通知書」（解雇を予告する場合）といった表題をつけ、解雇する相手、解雇予定日、施設名と代表者名を記載した上で、解雇の理由を記載します。就業規則のある施設の場合、解雇の理由と共に就業規則の規定のうち、解雇の根拠となる条文を明記し、具体的に根拠規定のどの部分に該当したかを説明します。

　即時解雇する場合は、表題を「解雇通知書」とし、解雇予告手当を支払った場合にはその事実と金額も記載します。なお、解雇した元従業員から退職証明書の交付を請求された場合は、施設は遅滞なく交付しなければなりません（労働基準法22条1項）。また、解雇予告期間中の従業員から解雇理由証明書の交付を求められた場合にも、施設は遅滞なく交付しなければなりません（労働基準法22条2項）。

■ 解雇予告日と解雇予告手当 …………………………………………

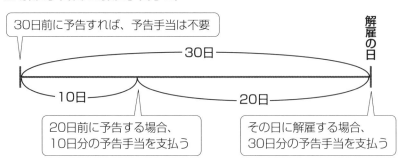

30日前に予告すれば、予告手当は不要

30日

解雇の日

10日

20日

20日前に予告する場合、10日分の予告手当を支払う

その日に解雇する場合、30日分の予告手当を支払う

17 有期職員の雇止めに関する法律問題をおさえておこう

契約を更新しない際には相応の措置が必要である

■ 契約の更新についての考え方を提示しておく

従業員（職員・スタッフ）との契約は無期ではなく、「1年」「2年」などと、有期にすることもできます。有期契約は定められた期日をもって契約が解消されることを前提とした契約で、期日をもって事業主（施設）と従業員の関係は終了しますが、必要に応じて契約を更新することも可能です。

このような有期労働契約について、厚生労働省は「有期労働契約の締結、更新および雇止めに関する基準」を策定しています。この基準によると、事業主が従業員と有期労働契約を結ぶ場合は、更新の有無および更新についての判断基準をあらかじめ提示しておくことが必要です。具体的には、①特別の事情がない限り自動更新する、②契約期間満了のつど更新の可否を判断する、③特別の事情がない限り契約の更新はしない、などの明示が義務付けられています。

事業主が1年以上雇用している従業員と契約を更新する場合は、契約期間を必要以上に短くすることなく、契約の実態や従業員の希望に応じ、できるだけ長くするように努めることなども基準により示されています。これは、期間の定めのない契約をする正規従業員（正規職員）に比べ、有期契約の従業員が「雇止め」に対する不安など、保護に欠ける状態にあることから、労働環境の改善を目的として策定されたものです。施設側にはこの基準を遵守する努力が求められています。また、契約更新が繰り返し行われている有期労働契約は、年次有給休暇の取得や契約解除の際において、「期間の定めのない契約」と同等に扱われます。

■ 契約を更新しない正当な理由が必要である

　有期労働契約の更新において生じる可能性が高い問題は、施設側が「契約更新をしない」という決定をしたときで、これを雇止めといいます。本来は、契約期間が満了した時点で雇用関係は消滅しますが、契約更新を何回か繰り返していると、従業員側としては次の契約更新を期待するものです。判例でもその心情を認める場合があり、その場合は有期契約であっても「期間の定めのない契約」と同等であるとみなしています。

　そこで、合理的な理由なく契約更新しない雇止めは無期労働契約の解雇と社会通念上同視できると認められます。この場合は「契約期間が満了したから」という理由で契約を終了させることが解雇権の濫用と判断され、雇止めが認められない場合があります。正当な理由がないかの判断は、最初の有期労働契約の締結時から雇止めされた有期労働契約の満了時までの間におけるあらゆる事情が総合的に勘案されます。

■ 契約終了時に行う措置内容とは

　「有期労働契約の締結、更新および雇止めに関する基準」では、有期労働契約により雇用していた従業員との契約を終了する際には、以下のような措置をとるように施設側に求めています。

① 「1年を超える契約期間の労働契約を締結している従業員」「有期労働契約が3回以上更新されている従業員」「有期労働契約の反復更新により雇用期間が通算1年を超える従業員」と契約を更新しない場合は、少なくともその契約期間満了日の30日前までに、その予告をすること

② 前述した①の予告をした場合に、従業員が契約を更新しない理由についての証明書などを請求した場合は、遅滞なく交付すること

③ 有期労働契約を更新しなかった場合に、従業員が更新しなかった理由について証明書を請求したときは、遅滞なく交付すること

なお、契約更新をしない正当理由には「契約更新回数の上限をあらかじめ契約書に明示している」「担当職務が終了・中止した」「無断欠勤・遅刻など勤務態度が悪く、注意しても改善されない」などがあります。

■ 雇止めつき契約とは

　期間の定めのある労働契約について、雇止めを最初に契約書に明示した上で契約を締結することを雇止めつき契約と呼んでいます。雇止めつき契約の契約期間中は雇用関係が保証されています。施設側には、契約終了時にトラブルなく雇用を終了させることができるというメリットがあります。また、従業員側には、あらかじめ施設側に契約更新の意思がないことを知らされることで、契約期間中に次の職場を探すだけの時間的余裕が得られるというメリットがあります。

　なお、雇止めつき契約を締結する場合は、「期間終了後は契約が更新されないこと」を事前に明確に伝えておくことが非常に重要です。

■ 契約の更新により通算の契約期間が5年を超えた場合

　有期契約の更新が繰り返し行われ、通算の契約期間が5年を超えた場合、従業員が申込みをしたときには、有期の労働契約が無期の労働契約に転換されます。つまり、同じ使用者（施設）と締結していた労働契約の通算期間が5年を超えれば、従業員は労働契約を無期のものに転換するように申し込む（6か月以上の空白期間がある場合は、前の契約期間を通算しない）ことができるということです。施設は、従業員のこの申込みを自動的に承諾したとみなされるため、施設がこの申込みを拒否することはできません。

　無期の労働契約に転換した際の労働条件は、原則として、有期の労働契約を締結していたときと同様（別段の定めをすることにより変更可能）です。スタッフと何度も更新を繰り返すケースもあるため、施設としては、「5年を超えるかどうか」という点には注意する必要があります。

18 ハラスメントについて知っておこう

■ セクハラとは

　職場におけるセクハラ（セクシュアル・ハラスメント）とは、職場における労働者の意に反するに対する労働者の対応によりその労働者が労働条件について不利益を受けたり、性的な言動により労働者の就業環境を害することです。

　職場のセクハラには、対価型（性的関係の要求を拒否した場合に労働者が不利益を被る場合）と環境型（就業環境を不快にすることで、労働者の就業に重大な支障が生じる場合）があります。たとえば、施設の利用者が職員に対して性的な関係を要求したものの、拒否されたことを理由にその職員の解雇を訴える場合などが対価型セクハラの例です。また、スタッフの身体に対する接触行為や、施設内に卑猥な写真を掲示するなど行為により労働者の就業に著しい不都合が生じる場合が環境型セクハラの例です。

　セクハラに該当するかの判断については、男女の認識の仕方によっても変わります。そのため、被害者とされる職員の感じ方を重視しつつも、一定の客観性を考慮した上で判断していきます。実際にはセクハラの判断はケース・バイ・ケースで判断されることになります。

　なお、セクハラには、女性が男性に行う行為も想定されます。施設は女性職員だけでなく男性社職員もセクハラによる被害を受けないような体制を構築しなければなりません。また、施設内のみに限らず、施設外でのセクハラによる被害防止についても体制を構築しなければなりません。

相談を受けたら具体的に何をすべきか

実際にセクハラ被害などについて相談を受けた場合、まずは相談者からの訴えを十分に聞くことが重要です。相談者は1人で悩み、意を決して信頼できると思える相手を選んで相談を持ちかけているはずです。不用意な対応をすると、その信頼を裏切ることにもなりかねませんので、慎重に対応すべきでしょう。

次に、必要になるのが事実確認です。たとえ被害者からの訴えであったとしても、当事者の一方の話を聞くだけで対応を決めることはできません。直接加害者とされている人に話を聞く他、事情を知っていそうな同僚などからも情報を収集します。事実を確認した場合、迅速に対応すると共に同じ問題が起きないよう施設内で防止策を講じていきます。具体的には、利用者などから実際に行われた言動を書面にて記録する方法や、複数の職員がチームになって行動する方法などが挙げられます。

実際に利用者によるセクハラ行為が発覚し、再三の注意も聞き入れないような利用者の場合は、施設の利用を中止してもらうよう申し入れる方法も効果的です。また、相談した被害者のプライバシーの侵害がないように配慮をしなければなりません。事実関係が真偽不明の状態であっても、更なるトラブルを防止するため、被害者と加害者とされる者を引き離す措置を取ることも考える必要があります。

マタハラとは

マタニティハラスメント（マタハラ）とは、妊娠・出産した女性労働者や育児休業を申出・取得した男女労働者などに関係する就業環境が害されることです。たとえば、採用の際に「妊娠・出産の予定はないか」と質問する、産前産後休業や育児休業を請求するとあからさまに嫌な顔をする、職場復帰の際に勤務を継続できないような遠隔地の部署への異動を言い渡す、「妊娠・出産すると残業や出張ができないから困る」などと言い、遠回しに退職を勧奨するといったことが挙げられます。

この他、妊娠で体調を崩し短時間勤務や職場変更を求めている女性について、「妊娠は病気ではない」などと言って要求を拒否する、非正規雇用の女性について、妊娠や出産を理由に契約更新をしないといったこともマタハラに該当します。

■ パワハラとは

　労働施策総合推進法によると、職場におけるパワーハラスメント（パワハラ）とは、「職場において行われる優越的な関係を背景とした言動であって、業務上必要かつ相当な範囲を超えたものによりその雇用する労働者の就業環境が害される行為」と定義されています。パワハラの定義の詳細については、厚生労働省の「事業主が職場における優越的な関係を背景とした言動に起因する問題に関して雇用管理上講ずべき措置等についての指針」（パワハラ指針）に規定があります。

　なお、労働施策総合推進法の改正により、事業主に対してパワハラ防止のための雇用管理上の措置が義務付けられています。具体的には、パワハラ防止のための事業主方針の策定・周知・啓発、相談・苦情に対する体制の整備、相談があった場合の迅速かつ適切な対応や被害者へのケアおよび再発防止措置の実施などが求められています。

　職場におけるパワハラの代表的な類型として次ページ図の６つがあります。いずれも優越的な関係を背景に行われたことが前提です。なお、個別の事案において職場におけるパワハラに該当するかどうかを判断するには、その事案におけるさまざまな要素を総合的に考慮することが必要です。一見するとパワハラに該当しないと思われるケースであっても、広く相談に応じる姿勢が求められます。

　パワーハラスメントに該当するかどうかは個別に判断する必要があります。また、パワハラと指導の区別がつきにくいという特徴もあります。

　たとえば、労働者の育成のために現状よりも少し高いレベルの業務を与えることはよくあることです。しかし、それを達成できなかった

場合に業務上の正当な必要性がなく、感情に任せて厳しく叱責するなどはパワハラに該当することがあります。

逆に、労働者の能力不足を理由に一定程度の業務内容や業務量の軽減を行うことは、必ずしもパワハラには該当しません。しかし、退職勧奨や嫌がらせが目的であるときはパワハラに該当します。

■ パワハラ指針におけるパワハラ行為の6類型に関する具体例 …

① 身体的な攻撃	【該当すると考えられる例】 　殴打、足蹴り、物を投げつける 【該当しないと考えられる例】 　誤ってぶつかる
② 精神的な攻撃	【該当すると考えられる例】 　人格を否定する言動、業務の遂行に関する必要以上の長時間の叱責、威圧的な叱責など 【該当しないと考えられる例】 　遅刻などを繰り返す者への一定程度の強い注意など
③ 人間関係からの切り離し	【該当すると考えられる例】 　意に沿わない者を仕事から外す、別室に隔離する、集団で無視するなど 【該当しないと考えられる例】 　新規採用者に対する別室での研修の実施など
④ 過大な要求	【該当すると考えられる例】 　業務とは無関係の雑用処理の強制など 【該当しないと考えられる例】 　繁忙期に通常より多くの業務処理を任せることなど
⑤ 過小な要求	【該当すると考えられる例】 　気に入らない者に仕事を与えないことなど 【該当しないと考えられる例】 　能力に応じた一定程度の業務量の軽減など
⑥ 個の侵害	【該当すると考えられる例】 　労働者の社内・社外での継続的な監視、写真撮影など 【該当しないと考えられる例】 　労働者への配慮を目的とする家族の状況などに関するヒアリング

■ パワハラ被害を防止するための対策

　パワハラを防止するには、さまざまな角度から複数の対策を講じる必要があります。具体的には、施設の方針の明確化およびその周知や啓発、施設における相談窓口の設置、職員への教育研修の実施、施設内での調査の実施、パワハラ被害者に対する仕事復帰へのサポート、弁護士などの専門家を介しての体制強化、などの事柄が挙げられます。

■ 教育・指導の中でのパワハラ

　パワハラが、仕事を教育・指導する中で行われるケースがあります。たとえば、遂行不可能な仕事をスタッフの成長のために必要だと考えて与えている場合などです。また、能力や経験とかけ離れた内容の業務命令であっても、仕事の基本を覚えさせる意図があってあえて実施している可能性もあります。

　このような行為がパワハラに該当するかは線引きが難しいものです。仕事上で必要な教育・指導の範囲内であればパワハラにはならず、嫌がらせであればパワハラになるという基準を用いることができますが、実際はケース・バイ・ケースで判断していくことになります。

■ セクハラ・マタハラ・パワハラが訴訟になったとき

　場合によっては、セクハラやパワハラが原因となり訴訟まで発展するケースもあります。加害者とされる者が施設の職員である場合は、その職員が所属する施設も使用者責任として損害賠償責任を負います。また、労働契約から付随して生じる義務である「働きやすい職場環境づくり」を怠ったとして、債務不履行責任に基づく損害賠償責任も負う可能性が生じます。実際に裁判で争うとなると、一定の法律知識や訴訟対策が必要になるため、施設としては事前に弁護士などに相談をする方法が有効です。その上で、加害者とされる者と入念に話し合い、対策を立てる必要があります。

第3章

介護事故・施設運営に必要なその他の事項

1 職員や施設はどんな責任を負うのか

債務不履行責任や不法行為責任を負うことになる

■ どんな責任を負うのか

　介護事故が発生した場合、職員や施設は法律の規定に基づく責任を負います。具体的には、施設は民法415条に基づく債務不履行責任、職員は民法709条に基づく不法行為責任を負います。また、職員（被用者）が不法行為責任を負う場合、その職員を雇用する施設（使用者）は、民法715条に基づく使用者責任も負うことになります。

　これらの責任を負うことになると、職員や施設は、利用者やその家族から損害賠償や慰謝料を請求されることになります。

　以下、これらの責任の内容を詳しく確認していきましょう。

■ 債務不履行責任とは

　債務不履行責任とは、相手方に対して一定の債務を負っている者が、その負うべき債務を履行しなかった場合に、相手方に生じた損害を賠償する責任のことです。施設は利用者との間で施設利用契約を結んでいます。つまり、施設は、利用者から利用料を支払ってもらう代わりに、利用者が施設内で安全・快適に生活することができる環境を整えるという債務を負います。言い換えると、施設は、利用者が安全・快適に生活することができるように配慮する義務を負っていることになります。このような義務のことを安全配慮義務といいます。

■ 不法行為責任とは

　不法行為責任とは、故意または過失によって他人の権利などを違法に侵害し、他人に損害を与えた場合に、他人に生じた損害を賠償する

責任のことです。不法行為責任の成立要件は、①加害者の故意または過失による行為に基づくこと、②他人の権利や利益を違法に侵害したこと、③加害行為と損害発生の間に相当因果関係があること、④加害者に責任能力があることです。

たとえば、職員の不注意によって利用者が転倒し、転倒時に利用者が骨折した場合は、①②③の要件が肯定されます。④の責任能力は、加害者が心神喪失者などの場合のみに否定されるため、通常の職員が起こした事故の場合は問題なく肯定されるといえるでしょう。

■ 施設の負う使用者責任とは

使用者責任とは、ある事業のために他人を使用する者（使用者）は、従業員（被用者）が事業の遂行中に第三者に加えた損害を賠償しなければならないという制度です。したがって、職員が利用者に何らかの損害を与えて不法行為責任を負う場合、施設は使用者として連帯責任を負うことになります。ただし、職員の選任・監督にあたって、施設が相当の注意をしたときや、相当の注意をしても損害が生じることを防げなかった場合には、使用者責任を問われません。

なお、施設が利用者などに対して賠償金を支払った場合、施設は職員に対して求償（不利益を受けた分の償還を請求すること）をすることができます。反対に、職員が利用者などに対して賠償金を支払った

■ 不法行為を理由とする損害賠償請求 ……………………………

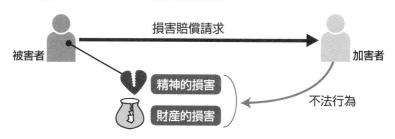

場合、職員は施設に対して求償をすることができます。

■ 過失相殺とは

　発生した損害について被害者にも責任がある場合、加害者がすべての損害について賠償責任を負わされるのは公平ではありません。

　そこで、被害者にも損害の発生について過失がある場合には、その分を損害賠償額の計算に反映させることになっています。これを過失相殺といいます。職員や施設の不法行為または債務不履行に際し、利用者にも過失があり損害の発生や拡大の一因になった場合、損害額から利用者の過失割合に相当する額が差し引かれます。たとえば、500万円の損害額があっても、利用者の過失が3割と認定されれば、賠償すべき額は「500万円×（1－0.3）＝350万円」となります。

　なお、過失割合を認定する基準に関しては、法律の定めが存在しないため、事案ごとに個別的に判断されることになります。また、被害者にも損害の発生について過失がある場合、不法行為責任が問われているときは、過失相殺を行うかどうかは裁判所の裁量に委ねられていますが、債務不履行責任が問われているときは、裁判所が必ず過失相殺を行います。

■ 使用者責任の追及 ………………………………………………

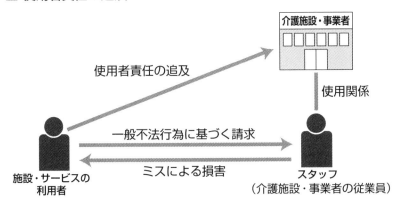

116

2 介護事故が起こった場合のリスクと対応について知っておこう

誠意ある対応をすることが大切である

■ 介護事故が起こった場合まずどうするのか

　介護事故が発生したときは、まず利用者への応急処置を行います。利用者の様態を観察し、必要があればすぐに救急者を呼ぶなど病院への搬送を手配します。介護事故の発生直後は、職員がパニックを起こす可能性もありますので、あらかじめマニュアルを用意しておくなど、適切な対応ができるように準備しておくことが大切です。

　次に、介護事故の発生について、家族や行政機関、各種関係者などに報告することが必要です。被害状況などの把握している事実をできるだけ迅速・明確に報告するようにしましょう。緊急的な対応が一段落した後、介護事故の発生原因を分析する必要があります。利用者の介助を担当した職員などに事故発生前後の状況を確認し、何が原因であったのか、詳細を事故報告書にまとめていくことになります。

　なお、介護事故の事例は、再発防止のための重要な情報となりますから、施設内において、事故内容の検討を繰り返し行い、施設運営に役立てていくことが大切です。

■ 訴訟にはさまざまなデメリットがある

　介護事故が発生し、施設側と利用者・家族側の主張に折り合いがつかない場合には、訴訟に発展してしまう場合もあります。訴訟という方法を選択すれば、責任の所在や損害額などについて、法的にはっきりとした決着をつけることができます。しかし、訴訟による解決には、さまざまなデメリットがあります。費用や時間面の負担は非常に大きくなりますし、敗訴した場合には多額の賠償金の請求を受けることに

なります。また、世間からは問題を抱えた施設であると捉えられ、信用性を大きく失ってしまう可能性もあるでしょう。

　訴訟を提起した利用者や家族は、介護事故が発生したこと自体に憤りを感じているわけではなく、事故後の施設の対応に不満を感じている場合が少なくありません。したがって、施設から誠意ある態度が示されなかった場合には、たとえ訴訟で賠償金を勝ち得たとしても、心からよかったと思える結果が得られることは難しいといえるでしょう。

■ どのように本人、家族に対応していけばよいのか

　介護事故の発生後にどのような対応を行えば、こうした事態を回避できるのでしょうか。

　訴訟になったときに不利になることを恐れて、介護事故に対する謝罪を拒む施設もあるようですが、こうした態度をとることは必ずしも得策であるとはいえません。むしろ、事故発生それ自体については謝罪し、確認した事実関係について、利用者や家族に適宜報告していくことが誠意ある対応だといえるでしょう。

　ただし、施設側に非がないことまで謝罪したり、いい加減な報告をしたりするのは、余計な混乱を生じさせることにつながりますので、安易な受け答えをしないよう、十分に注意することが必要です。

　また、日頃から施設における介護計画について、利用者や家族に理解を深めてもらうことも大切です。利用者が自分らしい生活を実現させていくためには、一定の事故のリスクも伴うことを、本人や家族に納得してもらうようにしましょう。利用者や家族は「料金を払っているのだから絶対に安全だ」「プロにまかせているのだから事故が起こるはずはない」という誤った認識をしている場合もありますので、そうした認識を改めてもらえるように努めることが大切です。

3 転倒・転落事故と責任について知っておこう

個別具体的な対応をしていたかどうかが問われることになる

■ 転倒・転落事故とは

　介護施設において発生している事故の中で、発生件数が最も多いのが転倒・転落事故です。たとえば、歩行中の転倒事故や、ベッドや車いすからの転落事故が多く発生しています。

　転倒・転落事故の特徴は、場所や時間を問わず、いつでもどこでも起こり得る事故であるという点にあります。施設の職員が介助しているときだけでなく、施設の利用者が一人で移動しようとしたときにも起こる可能性があります。

　高齢者の多くは骨が弱くなっていますので、転倒や転落をすると骨折などの大きなケガを負う可能性が高まります。転倒・転落による骨折をきっかけに寝たきり状態となり、生活の質が著しく低下してしまう危険性もありますので、施設側は、転倒・転落事故を生じさせないよう、十分に注意を払う必要があります。

■ どんな場合に何が問題になるのか

　施設側の過失によって利用者が転倒・転落して負傷した場合には、利用者や家族からの損害賠償請求や慰謝料請求などに応じなければなりません。過失とは、不注意による失敗のことをいいます。過失があると判断されると、施設側に善管注意義務違反（利用者が施設内で安全に生活できるよう管理する義務に違反すること）があったと判断されるため、施設はその責任を問われることになるのです。

　しかし、利用者の転倒・転落事故について、施設側の過失の有無を判断する明確な基準は、十分に確立されていません。そのため、どの

ような点が過失の有無を判断する基準になったのか、実際に発生した転倒・転落事故に類似するような事故に関する裁判例があれば、それをよく読み解くことがポイントになります。

　一般的に過失の有無を判断するときは、結果の予見可能性と回避可能性があったかどうかを基準とします。したがって、介護事故の場合には、利用者の状態や事故発生時の状況などに照らし、①施設側が事故発生を予見できたかどうか（結果の予見可能性）、②施設側が事故回避のための対策を行っていたかどうか（結果の回避可能性）という２点から、過失の有無の判断がされることになります。

　ただし、こうした判断基準は、あくまで紛争になった事例において適用されたものです。実際に介護事故が発生した場合は、勝手な自己判断を行わず、弁護士などの専門家に相談する方がよいでしょう。

　以上の点をふまえ、今までの裁判例では、どのような場合に過失があるとして職員や施設が責任を負うことになり、また、どのような場合に過失がないとして職員や施設が責任を免れたのか、具体的に見ていくことにしましょう。

■ どんな場合に職員や施設が責任を負うのか

　施設側の責任が肯定された事例としては、平成24年12月５日の青森地裁弘前支部判決があります。この事例では、日常的な自力歩行は困難であるものの、挙動傾向が見られる利用者が、浴室で転倒して負傷しました。裁判例は、施設側には、対象者から目を離さない、代わりの者に見守りを依頼する、などといった対策をとり、転倒のおそれがない状態にすることを最優先とする義務があったが、それを怠っていたとして、施設側に過失があったことを認める判断をしています。

　次に、施設側の責任が否定された事例としては、平成24年７月11日の東京地裁判決があります。この事例では、施設は、利用者本人やその家族、利用者の入院していた医療機関等から、利用者の歩行が不安

定であるとの情報提供を受けていませんでした。また、利用者は、施設入所後も職員の介助を受けることなく自由に歩行しており、施設内で転倒したこともありませんでした。このような場合は、利用者が転倒することを予見することはできないといえますので、施設側に転倒を防止する義務があるとは認められず、施設側に過失はなかったという判断がされています。

■ 転倒・転落事故を防ぐためにはどうすればよいのか

高齢者は、身体がふらつきやすく、また、注意力も低下しているため、転倒・転落事故を起こす危険性が非常に高くなっています。しかし、こうした危険を回避するために、身体拘束などを行い、不用意に利用者の尊厳や自立心を損なわせることはあってはなりません。

転倒・転落事故を防止するためには、利用者に合わせた介護計画を立て、適切に見守りや介助を実施していくことが必要になるでしょう。また、手すりや柵を設置するなど、事故発生を防止するような環境を整備することも重要です。

特に、いつもは歩行に問題がない利用者であっても、病気や薬の影響で、転倒・転落を起こしやすくなっている場合もあります。利用者の個別的な情報を十分把握した上で、適切な対応をしていく必要があるといえます。

■ 債務不履行の損害賠償請求 ……………………………………………

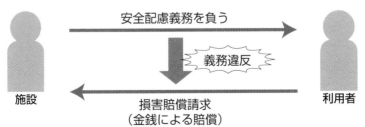

4 誤嚥事故と責任について知っておこう

適切な初期対応をしたかどうかが重要になる

■ 誤嚥事故とは

誤嚥とは、食べ物が誤って気管に入ってしまうことをいいます。嚥下（食べ物を飲み込むこと）機能が低下した高齢者が起こしやすく、肺炎（誤嚥性肺炎）や呼吸困難、窒息、死亡など、重篤な結果を引き起こす原因になります。なお、誤嚥・誤飲による事故は、転倒・転落事故に次いで、発生件数の多い介護事故になっています。

■ どんな場合に何が問題になるのか

職員や施設側の過失が原因となって、誤嚥事故が発生し、利用者に損害が及んだ場合、その責任を負わされることがあります。

職員や施設側に過失があるがどうかは、①どのような食材を食べさせたか、②異変発覚後の対応はどうであったか、③誤嚥と損害との間に因果関係はあるか、といった点を総合的に考慮して判断されることになります。なお、誤嚥による事故は、転倒・転落事故に比べて施設側の過失が認められにくいという特徴があります。ただし、過失があると認められたときは、利用者側に対して何千万円という多額の損害賠償責任を負わされる可能性があります。

■ どんな場合に職員や施設が責任を負うのか

まず、①のどのような食材を食べさせたかという点ですが、誤嚥を生じやすい食材を提供したことだけをもって、直ちに施設側に過失があったと判断されるわけではありません。裁判例においても、腸をきれいにするという目的でこんにゃくを提供していた施設に対し、小さ

く切り分けるなどの十分な配慮をしていたことから、過失があったとは認められないという判断がなされています（平成12年6月13日横浜地方裁判所判決）。

次に、②の異変発覚後の対応はどうであったかという点については、職員が異変発覚後の初期対応を適切に行ったかどうかが、過失の有無の判断に大きく影響されるといえます。たとえば、食後に異変があったことを職員が気づいていたのにもかかわらず、吸引器を取りに行くこともなく、救急車を呼ぶこともなかったというケースについて、適切な処置を怠ったとして施設側の過失を認めた裁判例があります（平成12年2月23日横浜地方裁判所川崎支部判決）。

■ 誤嚥事故を防ぐためにはどうすればよいのか

誤嚥・誤飲による事故は、大勢の利用者が一斉に食事をとる施設において、発生する確率が上昇します。職員は、適宜巡回をして、利用者一人ひとりの様子によく気を配る必要があります。特に、介護度が高く、嚥下機能の低下が見られる高齢者の食事については、職員がしっかりと付き添い、食事をとる姿勢や、飲み込む様子などについて注視することが求められます。重度の認知症患者は、食べ物を口の中に含んでいることを認知できずに、食べ物を喉に詰まらせてしまうこともありますので、十分注意するようにしましょう。

また、一般的に、粘り気の強い食材などは、誤嚥を引き起こしやすいといわれています。こうした食材を提供する際には、調理方法や提供方法を工夫するなどして、少しでも発生リスクの回避を考えることが大切です。

万が一、誤嚥が発生してしまった場合には、指で取り除く、背中をたたく、吸引器を使用するなど、慌てずに適切な処置を行うことができるよう、職員を教育しておくことも重要です。

5 身体拘束の問題と責任について知っておこう

緊急やむを得ない場合であれば違法性が否定される

🟦 身体拘束とは

　身体拘束とは、介護施設の入所者を固定し、その身体の自由をきかなくさせる行為です。身体拘束については、利用者の人権を侵害する行為とされ、虐待とみなされる可能性があります。

　たとえば、徘徊を防ぐため体幹や四肢をひもやベルトなどで縛って車いすやベッドに固定することや、転落を防ぐため体幹や四肢をひもなどで縛ってベッドに固定することが身体拘束にあたります。その他にも、自分で降りられないようにベッドを柵で囲む、行動を落ち着かせるために向精神薬を過剰に服薬させる、服を脱がないように介護衣を着用させる、自分から開けることのできない居室に隔離する、自分から解除できない施錠を部屋に施すことも身体拘束にあたります。

　身体拘束は、主に認知症患者の転倒・転落を防止する手段として、かつては日常的に行われていました。しかし、現在は、身体拘束は基本的に禁止であると考えられています。利用者の尊厳を失わせると共に、運動機能を著しく低下させる可能性もあるからです。

🟦 身体拘束を行うための要件は

　厚生労働省は「身体拘束ゼロへの手引き」の中で、基本的に身体拘束を廃止する方針を打ち出すと共に、緊急やむを得ない場合の対応として、例外的に身体拘束を行うための要件を示しています。

　つまり、利用者や他の利用者などの生命や身体を保護するため緊急やむを得ない場合であって、切迫性・非代替性・一時性の３つの要件がすべて満たされていると判断された場合にのみ、身体拘束が認めら

れることを示しています。切迫性とは、生命や身体が危険にさらされる可能性が著しく高いことです。非代替性とは、身体拘束を行う以外に代替する介護方法がないことです。一時性とは、身体拘束が一時的なものであることです。そして、3つの要件が満たされているかどうかの判断は、極めて慎重に実施される必要があります。

身体拘束は、利用者に肉体的・精神的苦痛を与える行為です。したがって、上記3つの要件を満たしていない場合に行われた身体拘束には、違法性が肯定されることになります。逆に、身体拘束が3つの要件をすべて満たしている場合であれば、違法性が否定されることになります。そして、違法性が肯定される身体拘束を行った場合、それを行った職員や施設は、利用者やその家族から不法行為責任を問われる可能性があります。

身体拘束の違法性が否定されるためには、切迫性・非代替性・一時性を満たすかどうかの判断が、施設全体の判断として行われている必要があります。利用者や家族に身体拘束の理由や内容を説明し、理解してもらう必要もあります。身体拘束を行った場合には、その日時や様態、理由などの記録を残しておく必要があります。

■ どんなことに気をつければよいのか

身体拘束は廃止されるべきものとされていますので、まずは施設全体で身体拘束を行わないように取り組むことが大切です。また、切迫性・非代替性・一時性を満たして身体拘束が認められるケースの具体的内容についても、あらかじめ定めておく必要があります。

身体拘束を廃止するためには、身体拘束を誘発する原因を探り除去することや、5つの基本的事項（起きる、食べる、排せつする、清潔にする、活動する）について、その利用者に合った十分なケアを徹底することが重要であるとされています。

6 床ずれの問題と責任について知っておこう

入念なケアと医療機関の受診が重要になる

■ 床ずれとは

　床ずれとは、褥瘡とも呼ばれ、体重で圧迫されている場所の血液の循環が悪くなり、皮膚が発赤するなどの症状が生じてしまうことをいいます。症状が悪化すると、皮膚が壊死してしまう場合もあります。

　寝たきりの高齢者などに多く見られる症状で、臀部や腰部、背部、足部などにできやすいという特徴があります。

■ どんな場合に何が問題になるのか

　床ずれが発生した場合に問題となるのは、施設側が利用者に対して適切な介護を行っていたといえるか、また、必要とされる医療機関との連携をとっていたといえるか、という点です。

　たとえば、一日中寝たきりの状態で、かつ、糖尿病を患っている利用者は、高齢者の中でも特に床ずれを起こしやすい状態にあるといえます。また、このような利用者は、床ずれが発生すると、症状の悪化が急速に進んでしまうおそれがあります。そのため、施設側には、日頃からの入念なケアと注意深い観察が求められることになります。

　また、観察によって異常が認められた場合には、すぐに医療機関を受診し、医師の指示を仰ぐことが必要になります。

■ どんな場合に職員や施設が責任を負うのか

　施設側は、利用者に対し、適切な介護を行うという債務を負っています。床ずれを予防する義務や、医療機関を受診させる義務に違反している場合、この債務が履行されていないことになりますので（注意

義務違反）、施設側は債務不履行責任を負います。したがって、施設側は、損害を受けた利用者側から、損害賠償金の支払いなどを請求されることがあります。

　逆に、施設側が適切な介護などを行っていなかったといえるような具体的形跡が存在しなければ、たとえ利用者が床ずれを発症し、病院に入院するような事態が生じたとしても、施設側がそれに対する責任を問われることはないといえます。

　施設が日頃から適切な体位交換、オムツ替え、栄養状態の把握、栄養状態の維持改善等を行っており、異常が見られた際には適宜専門医の受診を受けさせていた場合であれば、適切な介護などを行っていなかったという具体的な形跡は見当たらず、施設側に床ずれの発症を予防する注意義務違反があったとは認められない、との判断をした裁判例があります（平成26年2月3日東京地方裁判所判決）。

■ どんなことに気をつければよいのか

　施設として大切なことは、利用者に床ずれを生じさせないよう、また、生じてしまった場合にはできるだけ悪化させないよう、十分なケアを行うことです。そして、異常が認められた際には、必ず医師の診察と適切な治療を受けさせるようにしましょう。

　床ずれは、皮膚をなるべく乾燥させることで防ぐことができますので、オムツ交換や衣類の交換をこまめに行うことが重要になります。

　また、1〜3時間おきに体位交換をすることによって、床ずれの発生を予防することも重要です。

　適切な介護と治療を行うことで、床ずれの発生や重症化は抑えることができます。施設としては、こうした一つひとつの作業を徹底して行っていくことが大切になります。

7 徘徊・無断外出・失踪と責任について知っておこう

負傷・死亡という結果が生じることもある

■ 徘徊・無断外出・失踪とは

　介護施設の利用者は、認知機能が低下していることがあり、施設側が適切な管理をしていないと、施設内外を徘徊したり、無断外出をしたりすることが珍しくありません。

　徘徊や無断外出には思わぬ危険が伴いますので、利用者が負傷する原因になってしまいます。また、比較的すぐに発見できればよいのですが、どんなに捜索しても見つからず、失踪してしまうという事態が生じることもあります。場合によっては、数か月以上経ってから遠方で亡くなっているのを発見されたというケースもあります。

■ どんな場合に何が問題になるのか

　徘徊・無断外出・失踪が原因となり、利用者が負傷・死亡する結果が生じた場合、職員や施設はその責任を負う場合があります。

　たとえば、重度の認知症患者が施設の窓から脱出して失踪し、その後に遠方の砂浜で亡くなっているのを発見されたというケースで、死亡との因果関係までは認められないものの、利用者が行方不明になったことにより遺族が被った精神的苦痛に対する慰謝料等は認められるとして、施設側が遺族に対して慰謝料等の支払いを命じられた裁判例があります（平成13年９月25日静岡地方裁判所浜松支部判決）。

　この事例では、利用者が重度の認知症患者であったことや、失踪直前に靴をとってこようとする、廊下でうろうろする、などの不穏行動があったことなどから、施設側に利用者を施設から脱出させないようにする義務があったとの判断がされました。

■ どんな場合に職員や施設が責任を負うのか

　職員や施設が責任を負うかどうかは、①結果を予見できたか、②結果を回避するための対策をしていたか、という点から判断されます。以下、前述した裁判例に従って具体的に考えてみましょう。

　まず、①については、利用者は身体的には健康であったため、失踪したとしても、直ちに同人の死亡を予見することまではできなかったといえます。そのため、施設側は、利用者の死亡という結果に対する責任は負わないことになります。

　次に、②については、失踪直前に利用者が不穏な行動をしているところを職員が目撃している点から、職員には利用者の行動を注視し、失踪を回避する義務があったといえます。しかし、こうした義務を怠り失踪という結果を招いてしまったため、施設側は、利用者の失踪という結果に対する責任が生じることになります。

■ 徘徊・無断外出・失踪を防ぐためにはどうすればよいのか

　徘徊・無断外出・失踪の問題は、利用者の生活の質の問題とも関係します。つまり、安全性を優先するために、部屋や玄関、窓などをすべて施錠してしまえば、利用者は窮屈な生活を強いられます。逆に、施錠を極力行わず、開放的な生活環境を整えようとするならば、利用者の徘徊・無断外出・失踪の発生リスクが上昇してしまいます。

　施設の管理者は、これらのバランスをうまく調節しながら、利用者の生活をサポートしていかなければならないことになります。

　また、徘徊については、多くの場合、何らかの目的をもって歩いているといわれています。徘徊を繰り返す利用者がいる場合は、その利用者が抱えている背景を分析し、利用者の想いに寄り添っていくことにより、徘徊の頻度や回数を減らすことができるでしょう。

8

暴力・虐待と責任について知っておこう

施設も暴力・虐待について使用者責任を負うことがある

■ 虐待の問題

　高齢者虐待とは、基本的に高齢者の人権を侵害する行為や、高齢者に不当な扱いをする行為などを意味します。虐待の内容は、暴力的行為だけではなく、口頭によるものなども含みます。

　特に高齢の利用者が認知症などの自律性を欠く病気を患っている場合には、自分の思い通りに利用者が動かないことへの苛立ちや、認知症ならば虐待をしても告発ができないため、周囲へ気づかれないだろうという考えなどから、虐待が発生しやすくなっています。

■ 職員が暴力や虐待をするとどうなるのか

　高齢者虐待の加害者の多くは、介護を行っている高齢者の家族や身近な人物ですが、昨今では、利用者の介護に従事する職員が施設内で起こす虐待行為も問題視されています。

　施設の職員が利用者に対して暴力や虐待をすることは、決してあってはならないことです。しかし、残念なことに、こうした問題が発覚し、報道機関などによって大きく取り上げられるケースもあります。

　虐待には、身体的虐待（殴る、蹴る、手足を縛るなど、身体に暴行を加える行為のこと）以外にも、さまざまなものがあります。たとえば、威圧的な態度をとる、嫌がらせをする、暴言を吐くなどの行為は心理的虐待となります。また、介護や世話を放棄するネグレクトや、同意なく性的な行為をする性的虐待も虐待に含まれます。

　虐待の定義には幅があり、特に心理的虐待については、どこからが虐待になるのかの判断が非常に難しいといえます。ただし、職員がこ

の程度は問題ないと思っている発言や行動が、利用者にとって著しい心理的外傷（トラウマやストレス）となっている場合には、虐待と捉えられてしまうことがありますので、十分な注意が必要です。

　施設内において暴力や虐待があったことが判明した場合には、当該施設は行政庁から是正指導を受け、暴力・虐待防止のための措置を講じることになります。

■ どんな場合に職員や施設が責任を負うのか

　施設の職員が利用者に対して暴力・虐待行為を行い、利用者に損害を負わせた場合、行為の張本人である職員だけでなく、その職員の雇い主である施設自体も責任を負う可能性があります。

　裁判例においても、介護サービスの事業の執行に際して行われた暴力行為について、施設に使用者責任があるとして、施設に対する損害賠償請求が認められたケースがあります。

　また、暴力行為をした者が、その施設の職員以外の者である場合であっても、職員や施設が責任を負うこともあります。たとえば、利用者間でトラブルが生じ、一方の利用者が他方の利用者を負傷させた場合などがこれにあたります。施設側としてみれば、当人同士の問題であり、関与する必要はないと考えるかもしれません。ただし、利用者同士が顔を合わせればいつも怒鳴り合い、喧嘩をしていたといった事情がある場合には、管理者として責任を負う可能性があるのです。この場合、施設側は直接的にトラブルの原因を生じさせたわけではありませんが、「このままの状態を放置していれば暴力行為に発展する危険性がある」ということは、容易に予測できたはずです。

　施設側が何の対策もとらなかったために、暴力行為が現実となり、利用者に損害（ケガなど）が及んでしまったといえる場合には、施設側がその責任を問われ、損害賠償をしなければならない可能性があるのです。

このように、職員や施設が責任を負うかどうかは、結果の発生を予測できたかどうか（予見可能性の有無）によって判断されます。したがって、職員や施設が全く知らない行為が原因となり、あらかじめ予測することもできなかった結果が生じた場合については、職員や施設に責任が及ぶことはないということになります。

■ 職員による暴力、虐待を防ぐためにはどうすればよいのか

　原因や責任がどこにあるのかにかかわらず、利用者に対する暴力や虐待の発生は防がなければなりません。では、暴力や虐待を防ぐために、施設としてはどのような対策をすればよいのでしょうか。

　暴力や虐待は、密室などの他者から見つかりにくい場所で行われやすいという特徴があります。したがって、管理者の目が行き届かないところで行われてしまう可能性があります。

　そのため、日頃から利用者の様子に不審な点がないか、複数人の職員で様子を観察することが大切になります。身体に傷やあざがないか、物事に過剰におびえていないか、強い無力感を抱いていないか、など、利用者の些細な変化を感じ取ることができる環境づくりをすることで、暴力・虐待の防止や早期発見につなげることができます。また、利用者の変化を感じ取った職員が、その旨を管理者に報告しやすくする環境を整備しておくことも重要です。さらに、職員の規律意識の向上や、暴力・虐待についての知識の向上を目的として、研修制度を導入するのもよい方法といえるでしょう。

■ 家族からの暴力・虐待や利用者間の暴力・虐待に気づいた場合

　利用者が家族や他の利用者から暴力・虐待を受けているのではないかと疑わしく感じた場合は、いきなり大騒ぎをするのではなく、まずは慎重に事実を確認していく必要があります。たとえば、利用者が「○○から暴力を受けた」と話し、体にあざがあったとしても、いき

なり話を鵜呑みにするのは危険です。高齢者の皮膚は非常に弱く、少しの衝撃ですぐにあざができてしまいます。また、認知症患者の中には、周りの気を引きたいために他者の悪口を言ったり、被害妄想が強くなったりする人もいることを、頭の隅に置いておく必要があります。

　利用者の話によく耳を傾け、必要であると判断した場合には、加害者と思われる人に話を聞くようにしましょう。このとき、加害者であると決めつけて話をするのではなく、中立的な立場から、客観的事実を確認するように心がけましょう。

■ 虐待と疑われる場合、職員はどう対応するのか

　暴力や虐待は、場合によっては命に関わる問題です。緊急性を要する深刻な事態であると判断した場合には、すぐに行政や警察に通報する勇気が必要です。

　高齢者虐待（高齢者に対する虐待）を防ぐため、平成17年に「高齢者虐待の防止、高齢者の養護者に対する支援等に関する法律（高齢者虐待防止法）」が制定されています。高齢者虐待防止法によると、施設の職員は、高齢者虐待を発見しやすい立場にあることから、高齢者虐待の早期発見に努めなければなりません。

　また、高齢者虐待防止法では、高齢者虐待を防止するための取り組みの一つとして、高齢者虐待を受けたと思われる高齢者を発見した者は、速やかに各市町村へその旨を通報するよう努めなければならないことも定めています。なお、高齢者の生命・身体に重大な危険が生じている場合は、速やかに各市町村へ通報しなければなりません。

　被害者の高齢者は自宅や施設の外へ出かけるケースが少なく、虐待があるという事実が外部に知られにくいという特徴があります。そのため、被害者の生命に危険が及ぶ場合や緊急を要する場合には、市区町村長が当該高齢者の住所・居所に地域包括支援センターの職員などを立ち入らせて、必要な調査をすることが認められています。

利用者への虐待を防止するために施設の職員が心がけることとして、十分な介護に関する知識や経験を積むことが挙げられます。介護にまつわる虐待が最も発生する可能性が高い理由の中には、介護に関する知識や技術の欠如があるためです。

　特に認知症の高齢者の場合は、コンタクトの取り方や要望を聞き入れるためのノウハウが求められます。十分な知識や経験がない職員は業務中に混乱やミスをする可能性が高く、利用者とのコミュニケーションがとれず、その苛立ちが虐待へとつながる可能性があります。

　特に利用者との関係が成立していなければ、ちょっとした言動が誤解を招くことになります。職員は十分な知識や経験に加え、研修などで虐待に関する理解を深めることも重要です。

■ 高齢者虐待に該当する行為

行　為	内　容
身体的虐待	殴る、蹴るなどの物理的痛み（暴力）を伴う行為、不適切な薬の投与、身体の拘束といった行為のこと
心理的虐待	暴言や無視など、高齢者に孤立感や精神的な苦痛を与える行為のこと
性的虐待	高齢者に対して合意なく性的接触を行う行為や性的な悪戯を行うこと
経済的虐待	無断での高齢者の資産の横どりや財産の無断使用行為のこと
ネグレクト	食事を与えない、介護や世話をせずに長時間放置する、必要な介護サービスを受けさせないといった行為のこと

9 管理の不備に基づく事故と責任について知っておこう

安全配慮義務に違反したとして責任を問われることがある

■ どんな場合に問題になるのか

　介護施設には、利用者が安全・快適に自立した生活ができるように施設の環境を整え、管理する義務があります。しかし、施設管理上の不備が原因となって介護事故の発生を招いてしまうこともあります。

　たとえば、脱衣室の床が濡れたままになっており、利用者が足を滑らせて転倒してしまったケースでは、床を濡れたまま放置していたという点に施設側の管理の不備があったといえるでしょう。

　また、認知症を患っている利用者が、薬品類を保管している部屋に立ち入り、異食してしまった（薬品類を食べた）ケースでは、薬品類を保管している部屋の鍵をかけ忘れていたという点に、施設側の管理の不備が認められるでしょう。

　その他にも、利用者が室内の固定されていない設置物に体重をかけてしまい転倒してしまった、室内に段差があったために利用者が足をつまずいて転倒してしまった、無断外出チェックのためのセンサーの電源が切れていたために利用者が施設外に脱出してしまったなど、施設側がしっかりとした管理をしていた場合には防げたものの、その管理に不備があったために発生を防げなかった、という事故が数多く発生しています。

　前述のとおり、介護施設は、建物、設備、生活環境などについて、利用者の安全が確保されるように環境を整え、管理する義務があります。これを安全配慮義務といいます。安全配慮義務違反があったと認められる場合には、施設管理上の責任が問われることになります。

■ 施設や職員はどんな責任を負うことになるのか

　施設管理上の不備によって介護事故が発生した場合に、施設や職員に問われる可能性がある責任としては、大きく分けて２つあります。

　１つ目は、民法717条に規定されている土地工作物責任です。土地工作物責任とは、ある土地の工作物（建物など）に瑕疵（欠陥）があり、他人に損害が発生した場合に、その工作物の占有者や所有者が負うことになる損害賠償責任のことをいいます。つまり、施設として使用している建物や設備に、通常有すべき安全性が欠如していたと判断された場合に、その建物等の管理者が問われることになる責任です。たとえば、室内の段差によって利用者が転倒したというケースでは、施設側はこの責任を問われる可能性が高いといえます。

　２つ目は、建物や設備そのものの問題ではなく、介護職員の業務上の配慮が不十分であったとして、職員や管理者の不法行為責任等が問われる場合です。たとえば、利用者の歩行介助の途中で、職員がその場を離れたことを原因として、利用者が転倒したというケースでは、施設側はこの責任を問われる可能性が高くなります。

　つまり、事故の直接的な原因が施設の建物や設備にあるという場合には１つ目の責任、間接的な原因でしかないという場合には２つ目の責任が問われる可能性が高くなります。

　いずれにせよ、利用者が事故に遭遇してしまうことをあらかじめ予想できたかどうか（予見可能性があったかどうか）という点が基準になり、責任の有無が判断されることになります。責任があると判断された場合には、事故の被害者（被害者が亡くなっている場合はその遺族）から損害賠償を請求される可能性があります。

　介護施設を利用するのは高齢者や障害者ですから、利用者の身体的・心理的特性に合わせた環境を提供するよう、施設側は十分配慮する必要があります。

10 消防法で求められる規制について知っておこう

設置基準に合わせて義務付けられている消防用設備を設置しなければならない

■ 介護施設にはどんな消防用設備を備える必要があるのか

　介護施設は、不特定多数の高齢者が出入りするので、いったん火災が発生すると大惨事に至ることもあります。そこで、消防関係の手続きについて十分な理解と準備をしなければなりません。

　特に認知症高齢者が入所しているグループホームでの火災事故によって多数の死亡者が発生していること等を受けて、消防法施行令の改正が実施されています。認知症高齢者グループホームなど、火災時に自力で避難することが困難な人が入所している施設を中心に、消防設備等に関する基準は一般に厳しくなっている傾向にあります。

　また、介護施設を建築する場合や、既存の建物を介護施設とする場合は、使用する素材や施設内の構造などの制約があるので、計画段階から自治体や消防署と綿密な打ち合わせをする必要があります。

　消防法には「防火対象物」という概念が設けられています。防火対象物とは、不特定多数の人が出入りするため、火災が発生すると甚大な被害が発生するような建物です。そのため、一般の建物よりも防火に対する管理は高度なものが要求されます。消防法施行令別表第1によると、介護施設は、訪問型・入所型の施設ともに、原則として防火対象物にあたります（同施行令別表第1㈥ロ・ハ）。

　そして、消防対象物に備えるべき消防用設備等には、主として警報設備、消火設備、避難設備の3つがあります。

① 警報設備

　自動火災報知設備、ガス漏れ火災警報設備、漏電火災警報器、消防機関へ通報する火災報知設備、非常警報器具（携帯用拡声器、手動

式サイレン、警鐘など）、非常警報設備（非常ベル、自動式サイレン、放送設備）

② **消火設備**

消火器、簡易消火用具、屋内消火栓設備、スプリンクラー設備、水噴霧消火設備、泡消火設備、不活性ガス消火設備、ハロゲン化物消火設備、粉末消火設備、屋外消火栓設備、動力消防ポンプ設備

③ **避難設備**

避難器具（滑り台、避難はしご、救助袋など）、誘導灯・誘導標識

■ 介護施設は定期点検報告制度の対象になっている

防火対象物の関係者は、原則として、防火対象物に設置された消防用設備等や特殊消防用設備等を定期的に点検する必要があり、その結果を消防長または消防署長に報告しなければなりません。これを定期点検報告制度といいます。

そして、消防整備士または消防設備点検資格者による点検が必要な防火対象物は、次のようになります。まず、介護施設を含めた特定防火対象物で、延べ面積が1000㎡以上のものです。次に、特定防火対象物以外の防火対象物（非特定防火対象物）で、延べ面積が1000㎡以上であり、消防長または消防署長が指定するものです。さらに、特定用途に用いられる部分が避難階以外の階にある防火対象物で、避難階以外の階から避難階や地上へ直通する階段が2つ以上設けられていないもの（特定一階段等防火対象物）です。

■ 入所型の介護施設に設置しなければならない消防用設備

介護施設に消防設備を設置しなければならない場合、その介護施設が運営する事業が異なれば、設置しなければならない消防用設備も異なってくるということに注意が必要です。

ここでは、養護老人ホームや特別養護老人ホーム、有料老人ホーム

■ 消防用設備等 ………………………………………………………………

消火設備	消火器
	簡易消火用具（水バケツ、水槽、膨張真珠岩など）
	屋内消火栓設備
	スプリンクラー設備
	水噴霧消火設備
	泡消火設備
	不活性ガス消火設備
	ハロゲン化物消火設備
	粉末消火設備
	屋外消火栓設備
	動力消防ポンプ設備
警報設備	自動火災報知設備
	ガス漏れ火災警報設備
	漏電火災警報器
	消防機関へ通報する火災報知設備
	非常警報器具（手動式サイレン、携帯用拡声器など）
	非常警報設備（非常ベル、自動式サイレンなど）
避難設備	避難器具（滑り台、避難はしごなど）
	誘導灯、誘導標識
消防用水	防火水槽
	貯水池
消火活動上必要な施設	排煙設備
	連結散水設備
	連結送水管
	非常コンセント設備
	無線通信補助設備

など、入所型の介護施設において設置しなければならない消防用設備に関して見ていきましょう。

　まず、警報設備に関して、自動火災報知設備および消防機関への通報のための火災報知設備は、すべての入所型の介護施設が設置しなければなりません。また、地階の床面積の合計が1000㎡以上の場合はガス漏れ火災報知設備を設置しなければならず、延べ面積300㎡以上の場合は漏電火災報知器を設置しなければなりません。そして、収容人員50名以上の場合（地階・無窓階は収容人員20名以上）は非常警報設備を設置し、収容人員20名以上50名未満の場合は非常警報器具を設置し、収容人員300名以上で地階を除く階数が11以上または地階の階数が3以上の場合は放送設備と非常ベルまたは自動式サイレンとの2つを設置しなければなりません。

　次に、消防用設備に関して、消火器は、すべての入所型の介護施設が設置しなければなりません（指定可燃物を規定の500倍以上扱っている施設では、大型消火器の設置が必要です）。原則として延べ面積700㎡以上の場合または地階・無窓階・4階以上の階で床面積150㎡以上の場合には、屋内消火栓を設置しなければなりません。原則として地上2階までの部分の床面積合計が3000㎡以上である場合には、屋外消火設備の設置が義務付けられています。さらに、スプリンクラー設備に関して、入所型の介護施設においては、原則としてすべての施設に設置義務があります。

　そして、避難設備に関して、原則として収容人員20名以上の入所型の介護施設には避難器具を設置し、避難口誘導灯・通路誘導灯・誘導標識は、すべての入所型の介護施設が設置しなければなりません。

　なお、入所型の介護施設の中には、認知症グループホームなどの自力避難困難者が入所する施設も多く、これらの施設で火災が起きた場合には、避難困難な高齢者が多数犠牲になる危険性が非常に高いといえます。そこで、収容人員10名以上の自力避難困難者が入所する介護

140

施設等には防火管理者を選任し、防火管理業務を行わせることを義務付けています。防火管理者とは、介護施設等における高齢者など多数の人が利用する建物が、火災によって受ける被害を防止するために、消防計画を作成し、消火・通報・避難訓練等の実施や、消防用設備の点検・整備など、火気の管理や防火管理に関する業務を計画的に行う責任を負う者を指します。防火管理者を置く介護施設等で火災が起きた場合、警察や消防機関とのやりとりを行うのは、主として防火管理者です。防火管理に不備などがあれば、責任を追及されるおそれがありますので、初期消火を行う人の選定などが特に重要です。

■ 訪問型の介護施設に設置しなければならない消防用設備

ここでは、老人デイサービスセンターや軽費老人ホーム、老人福祉センターなど、訪問型の介護施設に設置しなければならない消防用設備に関して見ていきましょう。

まず、訪問型の介護施設に設置すべき警報設備に関して、原則として入居・宿泊用のすべての施設に関しては、自動火災報知設備を設置しなければなりません。入居・宿泊に用いない施設に関しては、床面積300㎡以上の場合に自動火災報知設備の設置義務を負います。地階の床面積合計が1000㎡以上の場合はガス漏れ火災報知設備を設置しなければならず、延べ面積300㎡以上でラスモルタル造の場合は漏電火災報知器を設置しなければなりません。

また、消防機関へ通報する火災報知設備は、延べ面積500㎡以上の場合に設置義務が生じます。非常警報設備については、収容人員に応じて設置義務の有無が変わります。具体的には、収容人員50名以上（地階・無窓階の場合は収容人員20名以上）の場合に非常警報設備の設置が義務付けられています。収容人員20名以上50名未満の場合は非常警報器具を設置しなければならず、収容人員300名以上で、地階を除く階数が11以上または地階の階数が3以上の場合は、放送設備と非

常ベルまたは自動式サイレンとの2つの設置義務が発生します。

　次に、消防用設備に関して、消火器については、延べ面積150㎡以上または地階・無窓階・3階以上の階の床面積50㎡以上の場合に設置義務が生じます。スプリンクラー設備は、平屋建以外で床面積合計が6000㎡以上の場合に設置しなければなりません。地階・無窓階では床面積1000㎡以上の場合や、床面積1500㎡以上で4階以上10階以下の場合も、スプリンクラー設備の設置義務が生じます。11階以上の場合では、原則としてすべての施設にスプリンクラー設備を設置しなければなりません。

　なお、屋内消火栓設備・屋外消火栓設備、そして、避難設備の設置基準については、入所型の施設と同様になっています。

■ その他の主な消防用設備 ……………………………………………

設置義務のある 消防用設備	入所型の介護施設	訪問型の介護施設
連結散水設備	地階の床面積の合計が 700㎡以上の場合	地階の床面積の合計が 700㎡以上の場合
連結送水管	・地階を除く階数が7以上 ・地階以外の階数が5以上で 延べ面積6000㎡以上 ・道路に使用されている部分 がある施設	・地階を除く階数が7以上 ・地階以外の階数が5以上で 延べ面積6000㎡以上 ・道路に使用されている部分 がある施設
非常用 コンセント設備	地階を除く階数が11以上	地階を除く階数が11以上

11 金銭管理が必要な場合について知っておこう

責任者を明確にすると共に記録等を残して金銭管理を行う

■ 施設が金銭管理をするケースも考えられる

　特に、入所型の介護施設においては、利用者は高齢であるにもかかわらず、親族がいない場合や、親族がいたとしても遠方に居住しているために、なかなか施設に様子を見に来ることができず、利用者の金銭管理が問題になります。

　そこで、介護施設が利用者に代わって、金銭管理を行う場合があります。しかし、入所型でも訪問型サービスでも、利用者の金銭管理は、非常に繊細な問題を抱えています。特に、利用者が認知症を患っているような場合には、被害妄想などが原因になって、介護職員が利用者の金銭を盗み取ったなどと、利用者が訴えるなどのトラブルに発展するおそれがあります。お金の問題に繊細になっているケースも少なくありません。そのために、介護施設では利用者の金銭管理を行う場合には、あらかじめ、慎重に利用者の金銭の取扱いに関するマニュアルを徹底しておく必要があります。

■ どんな金銭管理をするのか

　利用者の金銭を預かる場合、あらかじめ利用者本人またはその家族との間で、契約において金銭管理に関する規程を定めておきましょう。規程を設けておくことで、金銭管理に関する明確な基準を明らかにしておくことができ、金銭管理をめぐるトラブルを防止することができます。

　まず、介護施設が金銭管理を行う場合は、例外的な場合に限られ、原則として利用者またはその親族等が金銭管理を行うことを基本にし

ます。介護施設が金銭管理を行う場合には、金銭管理の責任者を明確にしておく必要があります。この場合、通常は施設の所長等が責任者になります。

そして、利用者から、預金通帳や現金を預かった場合には、収支を明らかにするため、会計管理の原則に従い、利用者ごとに記録を残し、利用者の家族等が求めた場合など、必要に応じて、金銭管理状況について、いつでも開示できるように整えておく必要があります。

なお、介護施設が行う金銭の具体的な管理業務として、日常生活における利用者の現金の受払いに関する事項、利用者者の年金の受払いに関する事項、利用者の国民健康保険料・介護保険料・その他医療費の支払いや請求に関する事項、利用者の預貯金証書・年金証書・印鑑の管理などが挙げられます。

たとえば、利用者に代わって、介護施設が必要な物資等を購入した場合には、利用者が具体的な依頼内容を記載した書面・購入の際に受け取った領収証をしっかり保管すると共に、金銭の収支に関して正確に記録を残さなければなりません。利用者が高齢であることから、トラブルを防止するために、預かった金銭の額と実際に購入した物品と、その領収証を突き合わせて、利用者に対して、その都度わかりやすく説明を行うことを心がける必要があります。

金銭管理において、介護施設が預かった物等は、紛失等があってはなりませんので、たとえば、印鑑や預貯金通帳等は、介護施設内の金庫で保管・管理することが求められます。また、現金をそのまま管理することは極力避けて、速やかに利用者本人の銀行口座等に入金して管理することが望ましいといえます。

なお、利用者が死亡した場合の他、親族等、金銭管理を行うことができる人が現れた場合などに、介護施設による金銭管理は終了します。その際、印鑑や預金通帳、現金など利用者の金銭管理に必要な物一切について、介護施設側から親族等に速やかに渡す必要があります。

Q 入居者の中には判断能力が衰えていると思われる人がいるのですが、財産管理などの点で有効に利用できる制度はあるのでしょうか。

A 施設の利用者の判断能力に不安を覚える場合、まず利用者の家族に相談することになるでしょう。施設側が金銭管理をする方法もありますが、施設の利用者とはいえ他人の財産を管理するのは困難な場合もあります。この場合に利用できるのが成年後見制度です。成年後見制度とは、精神上の障害（知的障害、精神障害、認知症など）が理由で判断能力が不十分な人が、経済的な不利益を受けることのないように、支援者（後述する成年後見人等や任意後見人のことです）をつける制度です。成年後見制度は、法定後見制度と任意後見制度からなります。

　法定後見制度は、判断能力の程度によって、成年後見・保佐・補助の３つの制度があります。成年後見は判断能力が欠けている人、保佐は判断能力が著しく不十分な人、補助は判断能力が不十分な人を対象としています。そして、家庭裁判所が選任した成年後見人等（成年後見人・保佐人・補助人）が、本人の財産管理や、介護保険などのサービスの利用に関する契約の締結など、福祉や生活に配慮した支援を行います（成年後見人等の事務に含まれないものもあります）。

　法定後見制度を利用する場合、本人の住所地を管轄する家庭裁判所に後見等開始の審判の申立てを行います。本人が申立てをすることができない場合は、本人の配偶者や四親等以内の親族、検察官などが申立てを行えます。四親等内の親族とは、配偶者や四親等内の血族、三親等内の姻族（本人から見た場合に配偶者の親族を姻族と呼びます）を指します。申立書、申立事情説明書、親族関係図、本人の財産目録及びその資料、診断書などの書類を、申立時に提出します。成年後見制度を利用すると、成年後見人等に認められている権限の範囲などが

登記されます（成年後見登記）。

● **任意後見とは**

　任意後見とは、将来自分の判断能力が衰えたときのために、受けたい支援の内容と支援者である任意後見人（任意後見受任者）を決めておき、あらかじめ公正証書による契約をしておく制度です。

　任意後見の開始前に、任意後見受任者と本人との間で将来の後見事務について取り決める契約を任意後見契約といいます。任意後見契約書は、本人と任意後見受任者が公証役場に出向いて、公正証書で作成します。公証役場では、本人の意思と代理権の範囲などを公証人が確認します。任意後見契約書の作成後、公証人は管轄の法務局に任意後見契約の登記を嘱託します。法務局では、任意後見契約について、本人と任意後見受任者が誰か、代理権の範囲がどの程度か、といった内容を登記します。

　本人と任意後見受任者の間で任意後見契約を結んだだけでは、任意後見の効力は生じません。将来本人の判断能力が不十分になったときに、本人やその配偶者、任意後見受任者などが家庭裁判所に任意後見監督人選任の申立てを行い、任意後見監督人が選任されることで任意後見受任者が任意後見人となって、任意後見が開始されます。

■ **成年後見人等の事務に含まれないもの** ……………………………

法律行為や事実行為	例
本人の介護などの事実行為	料理・入浴の介助・部屋の掃除
本人しかできない法律行為	婚姻・離縁・養子縁組・遺言作成
日常生活で行う法律行為	スーパーや商店などで食材や 日用品を購入
その他の行為	本人の入院時に保証人になること 本人の債務についての保証 本人が手術を受ける際の同意

12 高齢者が加入する公的医療保険について知っておこう

■ 医療保険制度はどうなっているのか

　医療保険とは、本人（被保険者）やその家族に病気・ケガ・死亡・出産といった事態が生じた場合に一定の給付や金銭の支給を行う制度です。日本の場合、個人で契約して加入する私的医療保険の他に、日本の全国民が医療保険に加入することができる公的医療保険制度が整えられています（国民皆保険）。

　日本の公的医療保険制度には、労災保険、健康保険、船員保険、共済組合、後期高齢者医療制度などがあり、職業や年齢に従って利用できる医療保険制度を活用することになります。

　一般の会社員であれば、通常はケガや病気をしたときには、業務・通勤中の事故や病気であれば労災保険、業務外の事故や病気であれば健康保険という医療保険制度を利用します。

　これに対して、高齢者の場合、公的医療保険の中心となる制度は国民健康保険や後期高齢者医療制度です。

■ 国民健康保険とは

　国民健康保険とは、社会保障や国民の保健を向上させるために設けられた医療保険の制度で、略して「国保」とも呼ばれています。

　加入者である被保険者の負傷、疾病、出産、死亡などに関して、国民健康保険法に基づいた給付が行われます。

　国民健康保険の加入対象は、健康保険や船員保険などが適用されない農業者、自営業者、そして企業を退職した年金生活者などで、現住所のある市区町村ごとに加入します。

国民健康保険料の料率は市町村により異なり、被保険者の前年の所得や世帯の人数などを加味した上で定められます。

国民健康保険の給付は、基本的には会社員の加入する健康保険とほぼ同じで、具体的な給付内容は下図のとおりです。

■ 国民健康保険が効かない薬や治療

治療内容や調剤の中には、国民健康保険制度ではカバーすることができないものもあります。

たとえば、差額ベッド代などが挙げられます。差額ベッド代とは、

■ 国民健康保険の給付内容 ……………………………………………………

種　類	内　容
療養の給付	病院や診療所などで受診する、診察・手術・入院などの現物給付
入院時食事療養費	入院時に行われる食事の提供
入院時生活療養費	入院する65歳以上の者の生活療養に要した費用の給付
保険外併用療養費	先進医療や特別の療養を受けた場合に支給される給付
療養費	療養の給付が困難な場合などに支給される現金給付
訪問看護療養費	在宅で継続して療養を受ける状態にある者に対する給付
移送費	病気やケガで移動が困難な患者を医師の指示で移動させた場合の費用
高額療養費	自己負担額が一定の基準額を超えた場合の給付
高額介護合算療養費	医療費と介護サービス費の自己負担額の合計が著しく高額となる場合に支給される給付
特別療養費	被保険者資格証明書で受診した場合に、申請により、一部負担金を除いた費用が現金で支給される
出産育児一時金	被保険者が出産をしたときに支給される一時金
葬祭費	被保険者が死亡した場合に支払われる給付
傷病手当金(任意給付)	業務外の病気やケガで働くことができなくなった場合の生活費
出産手当金(任意給付)	産休の際、会社から給料が出ないときに支給される給付

差額室料とも呼ばれるもので、病気やケガで入院する場合に「気を遣いたくない」などの理由から、個室もしくは少人数制の病室を本人が希望した場合にかかる費用です。この差額ベッド代が必要となる病室は、原則として個室〜４人までの部屋のことで特別療養環境室といいます。このような病室を選択することは、病気やケガの治療行為とは直接の関係がなく、よりよい環境を求めて行う行為であることから、保険の適用外とされています。

■ 64歳以前の人とは取扱いが変わる

65歳以上の人の公的医療保険については、平成20年４月から施行されている高齢者の医療の確保に関する法律（高齢者医療確保法）により、64歳以前の人とは異なる医療保険制度が適用されています。

具体的には、65歳から74歳までの人を対象とした前期高齢者医療制度と、75歳以上（言語機能の著しい障害など一定の障害状態にある場合には65歳以上）の人を対象とした後期高齢者医療制度（長寿医療制度）が導入されています。

■ 前期高齢者医療制度とは

前期高齢者医療制度とは、65歳〜74歳の人を対象とした医療保険制

■ 高齢者の医療費の自己負担割合 ……………………………………

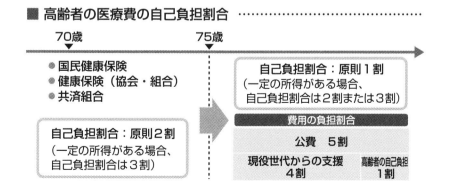

度です。前期高齢者医療制度は後期高齢者医療制度のように独立した制度ではなく、制度間の医療費負担の不均衡を調整するための制度です。

　したがって、65歳になったとしても、引き続き今まで加入していた健康保険や国民健康保険から療養の給付などを受けることができます。ただし、保険者が居住する市区町村へと変わるため、就労中の場合は給料からの介護保険料の天引きがなくなります。

　医療費の自己負担割合については、69歳まではそれまでと同様に3割ですが、70歳の誕生月の翌月からは原則として2割となり、1割引き下げられます。ただし、70 〜 74歳の者であっても、一定以上の所得者（課税所得145万円以上の者）の場合には自己負担割合は3割です。

■ 後期高齢者医療制度とは

　後期高齢者医療制度は、75歳以上の人に対する独立した医療制度です。国民健康保険や職場の健康保険制度に加入している場合でも、75歳になると、それまで加入していた健康保険制度を脱退し、後期高齢者医療制度に加入します。75歳以上の人の医療費は医療費総額中で高い割合に相当するため、保険料を負担してもらうことで、医療費負担の公平化を保つことが、この制度が作られた目的です。

　後期高齢者医療制度に加入する高齢者は、原則として、1割負担または3割（現役並み所得者）で病院での医療を受けることができます。利用者負担の金額が高額になった場合、一定の限度額（月額）を超える額が払い戻されます。医療保険と介護保険の利用者負担の合計額が高い場合にも、一定の限度額（月額）を超える額が払い戻されます。

　なお、後期高齢者医療制度の医療費窓口負担については見直しがあり、令和4年10月からは、現役所得並みの所得者ではないけれど一定額以上の所得がある人は、窓口負担割合が2割となるよう改正が行われました。制度のあり方を検討し、見直しをしながら継続されています。

13 苦情対応や情報の公表について知っておこう

寄せられた苦情には適切に対応する必要がある

■ 苦情処理とは

　介護施設に対して寄せられる苦情とは、職員が提供したケアやサービス内容、または利用者側に何らかの不都合・不利益などが生じる事柄に対する訴えのことです。

　苦情が寄せられた場合、事業者側は、適切に対応する必要があります。たとえば、苦情を寄せた利用者側のプライバシーの保護のため個室を使用し、苦情受付担当者の他、複数の職員で担当する必要があります。そして、苦情内容を聴き取る際には、最後まで話を遮らないことが肝要です。専門的な立場や知識に基づき、高圧的な態度にならないように、対応する職員は、冷静に聴き取った内容について記録を残す必要があります。

　苦情を申し立てる利用者側にも、不満点や契約と異なる内容などについての現状を把握し、自分が事業者に求める内容を明確にしておくことが望まれます。苦情を受けた事業者の改善策が功を奏した場合には、この段階で解決する場合があります。解決しなかった場合には、市区町村の窓口に申し出ます。そして、市区町村から報告を受けた国民健康保険団体連合会（通称国保連）が、該当する事業者に対して、指導したり助言を与えるといった対応をとります。

■ 情報公表をしなければならないのはなぜか

　介護保険制度では、介護サービス情報が公表されていますから、この公表制度を利用して、サービスを提供している事業者の情報を調べることが可能です。つまり、利用者が介護サービスや事業所・施設を、

比較・検討して、自分に適していると考える事業者や施設等を選ぶための情報を、都道府県が提供しているわけです。介護サービス情報公表システムでは、インターネットを通じて、約21万か所にものぼる介護事業者に関する情報が公開されています。ホームページでは介護サービスの利用者やサービス利用者の家族が事業者を比較検討するために参考になる情報を提供しています。

　公表される情報には、利用料金、職員体制などの基本的な事実情報である基本情報や、介護サービスの内容・事業所の運営状況といった事項についての運営情報などがあります。ホームページでは、事業者の情報について、サービス内容や住所、名称などから検索できるよう、情報が整理されています。これにより、利用者が、事業者の情報などを見比べて、より自分に適した事業者を選別し、その中から自分に合ったサービスを提供する事業者を選ぶことが可能になります。

■ 苦情について ……………………………………………………………

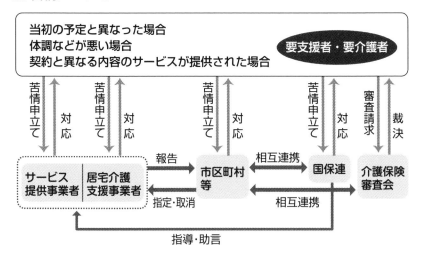

第4章

介護保険と
介護報酬のしくみ

加算中心の報酬改定により小規模事業所が淘汰されるおそれもある

■ 介護報酬とは

　介護報酬とは、事業者が利用者に介護サービスを提供した場合に、保険者である市町村から、事業者に対価として支払われるサービス費用です。

　介護報酬は訪問介護や訪問入浴介護などの介護サービスの費用に応じて基本単価が定められており、各事業者の体制や、利用者の状況に応じてそれに加算・減算されます。

　介護保険では、サービスの単価を「単位」と呼ばれる指標で設定しています。厚生労働省の告示により、地域ごとに１単位あたり10円から11.4円と設定されているので、月ごとに集計したサービス単位数の合計に地域ごとの単価を乗じた金額が、その月に事業者が提供したサービスの対価ということになります。たとえば、訪問介護のうち、20分以上30分未満の身体介護については、介護報酬が250単位とされています（令和３年４月以降の介護報酬）。このサービスを１か月に４回提供したとすると、250単位×10円×４回より10,000円が、事業者の受け取る介護報酬ということになります（１単位＝10円の場合）。

　介護保険は費用の１割をサービスの利用者が負担するしくみになっていますので、サービスの対価のうち１割を利用者が負担し、残りの９割を市町村から受けとることになります。ただし、一定以上の所得がある場合には、負担割合が２割に引き上げられていますので、注意が必要です。さらに、特に所得が高いと判定された場合には、３割の負担が求められることになります。

　このように、定率により利用者の負担額が定められる場合、必要と

する介護の程度が重度の人や、所得が低い人にとっては、負担が過度になるおそれがあります。そこで、高額介護サービス費が設けられています。

　高額介護サービス費は、定率による利用者負担額が一定金額を超えた場合には、後に一定金額超過分について、利用者に償還されるしくみです。また、介護保険利用者が、あわせて医療保険の対象になる費用を負担している場合があります。その場合は、介護保険の利用者負担金額と、医療保険の一部負担金額の合計金額が高額になった場合に備えて、高額医療合算介護サービス費の支給も行われています。

　この他、低所得層に対する手当とは異なりますが、災害などの特別な事情により利用者負担金額の支払いが困難になった被保険者に対して、市町村が利用者負担額を減免する制度があります。つまり、利用者負担が1割の被保険者はより低額の費用負担で介護保険サービスを利用できるということです。ただし、この取扱いについては、災害発生時の他、生計維持者の死亡や失業など緊急な事態が発生した場合に限定される点に注意が必要です。

　介護報酬は、約3年ごとに改定されてきましたが、近年では比較的頻繁に改訂が行われており、直近では、令和4年度改定で臨時の介護報酬改定が行われました。令和4年度改定では、介護職員の処遇改善について、賃金を3％程度（月額にすると平均で9,000円相当）引き上げるための措置が講じられています。そして、令和4年10月から「介護職員等ベースアップ等支援加算」として補助金から加算となり、介護職員一人につき月額9,000円相当額が支援補助金からの継続として加算されます。

■ 介護報酬はどのように決定するのか

　介護報酬の額は、厚生労働大臣が定める基準により算定されます。この基準については、介護給付費単位数表として公開されます。介護

給付費単位数表の作成にあたっては、原則として、介護サービスごとに、そのサービスに必要な平均的な金額を考慮して算定することになります。ただし、介護サービスを提供する人員について、賃金水準などが市町村によって異なるため、これらの市町村間にある地域格差についても留意しなければなりません。

　また、介護報酬の算定方法については、提供されるサービスの種類に応じて、異なる方法が定められています。たとえば、居宅サービスの場合、サービスの利用時間に応じた金額で算定されます。これに対して、施設サービスの場合には、提供されるサービスが対象とする要介護認定の度合いに応じて、一日当たりの金額で算定されます。

■ さまざまな加算が行われる

　介護報酬については、基本の報酬部分に加えて、さまざまな加算が行われます。たとえば、職員のキャリアを考慮したサービス提供体制強化加算があります。具体的には、介護福祉士や3年以上の勤続年数のある人などを一定割合雇用している事業所にはサービス提供体制強化加算が適用されます。また、令和4年10月からは、介護職員等ベースアップ等支援加算が新たに創設されました。少子高齢化への対応と感染症への対応が重なる現場で働く介護職員などを対象として、一定の要件のもと、賃金を上げるための加算が適用されます。なお、賃上げの効果に資するように、加算額の3分の2については、介護職員などのベースアップ等（基本給、または決まって毎月支払われる手当）として加算が使われることが要件となっています。

　医療との連携や認知症への対応を強化するための加算もあります。医療との連携については、居宅介護を受けている人が入院した場合の対応などにつき加算が認められています。一方、認知症については、若年性認知症者の受け入れ体制や、認知症高齢者等への専門的なケア体制が整っている場合には加算の対象となります。

また、介護報酬は、地域差を考慮して、その額が変動するしくみになっています。先ほど介護報酬の単価は、地域に応じて1単位10〜11.4円と説明しましたが、それに加えて中山間地域（平野の外側から山間部にかけての地域のこと）に訪問介護を行う場合などは加算を算定することができます。

利用者との関係でどのようなことに気をつけるべきか

　介護報酬の改定により介護報酬が上がると、結果的に利用者の自己負担分も増加するため、自己負担分の支払いが困難になった利用者がサービスの利用を中止することが予想されます。利用者の負担が増えると、結果的にサービスが利用されなくなり、事業者が経営難に陥るおそれも生じます。

　また、介護保険は、要介護度に応じて支給限度額が定められており、支給限度額を超える部分については利用者が自己負担しなければなりません。そのため、介護報酬の増加は、保険で利用できるサービスの範囲の縮小につながります。

■ 介護報酬とは

| 介護報酬 | 事業者が利用者に介護サービスを提供した場合に、保険者である市町村が事業者に支払うサービス費用 |

　▶1単位：原則10円として設定されている

（例）1か月に4回訪問介護を利用した場合の介護報酬の算定方法

20分以上30分未満の身体介護（訪問介護）⇒ 介護報酬は250単位

(令和3年4月以降)

250単位 × 10円 × 4回 ＝10,000円
∴事業者は10,000円の介護報酬を受け取ることができる

2 介護報酬請求事務について知っておこう

事業者は必要書類を作成して介護報酬請求を行う

■ 請求事務の流れ

　介護施設において、介護保険適用対象の介護サービスの提供が行われると、その費用に関しては、後に、支払業務の委託を受けている国民健康保険連合会（国保連）から支払われることになります。

　その前提として、介護施設は、介護給付体制届等の必要な書類を、事前に提出しておく必要があります。事前の必要な手続きをしておかないと、介護施設の運営にとって重要な事業収入を適切に得ることが困難になってしまうおそれがあるため、注意が必要です。

　実際に介護サービスの提供を行った介護施設は、正確なサービス提供実績に基づいて、介護給付費請求明細書（一般にレセプトと呼ばれています）を作成し、国保連合に提出の上、介護報酬請求を行うことになります。そして国保連では、請求明細書の審査等を行い、明らかな問題点が見つからない場合には、介護施設に介護給付が支払われます。

■ 利用者の負担額の確認

　介護保険サービスを利用した場合に、利用者が負担する額は、原則として介護サービスにかかった費用の1割です。その場合は、残りの9割に関しては介護保険から賄われることになります。なお、一定以上の所得がある利用者に関しては、自己負担額が2割または3割として扱われています。

　もっとも、介護施設を利用する利用者は、サービスを受けるにあたって必要な費用は、すべて介護保険から支給されるわけではありません。たとえば、入所型の施設では水道費・光熱費などの居住費、食費、日

158

常生活費に関しては全額自己負担になりますので、介護施設は、これらの費用については、直接利用者に対して請求することになります。

　ただし、所得の低い利用者や、1か月の利用料があまりにも高額になった利用者に対しては、介護サービスを受ける機会を奪わないように、必要に応じて、必要な費用に関して負担の軽減措置が設けられています。

■施設サービスを利用したときの食費や居住費用の扱い

　介護報酬請求の対象になるのは、介護保険適用の費用に限られ、居住費等の費用は、原則として利用者が自己負担する費用であり、介護施設は、利用者に対して直接支払いを請求する必要があります。

　居住費（家賃・光熱費）と食費をあわせてホテルコストと呼んでいます。平成17年の介護保険法改正以前は、ホテルコストについても、介護保険が適用されていました。しかし、在宅型のサービスを受ける利用者は、光熱費や家賃などを自己負担していたにもかかわらず、入所型の介護サービスを利用する人は、要介護度に応じて、基本的に1割の自己負担と毎日の食事代程度でした。このような不公平さを是正する目的で、ホテルコストについては、原則として利用者の自己負担額とするという取扱いになりました。

　介護施設のホテルコストが、原則として自己負担になる対象は、特別養護老人ホーム、老人保健施設、介護療養型医療施設や介護医療院、短期間施設に入所する（ショートステイ）場合などにも適用されます。

　もっとも、ホテルコストの自己負担は低所得者にとっては、過度な負担になるため、それを軽減するための補足給付という制度があります。これは、入居者が市町村民税非課税世帯である場合に、申請によりホテルコストの負担額を軽減する制度です。

　なお、標準的に想定されている自己負担額は、食費に関しては食材料費と調理コスト相当額を合わせて、約5万円程度が想定されていま

す。また、居住費用に関しては、個室か相部屋かにより金額が異なりますが、個室であれば月額約6万円程度、そして、相部屋については月額約1万円程度が、自己負担額として念頭に置かれています。

■集計・計算するときの注意

　介護報酬請求を行うためには、介護施設は、介護給付費請求明細書（レセプト）を作成しなければならず、1か月に1回程度、行った介護サービスの集計・計算を行います。

　基本的に、介護報酬額の計算は、介護サービスごとに定められている単価に基づき、サービスの提供頻度の積により集計されることになります。つまり、介護費用総額＝1か月の合計利用単位数×単価により計算されます。

　なお、介護報酬請求は、サービスを提供した翌月10日までに提出しなければ、請求が翌月に持ち越されてしまうことになりますので、期限を守る必要があります。

■国保連に請求する

　介護報酬の請求先は、介護報酬支払業務を委託された国保連に対して行います。国保連では、提出された介護給付費請求明細書（レセプト）に基づき、支払いの有無を判定することになりますが、その判定にあたり、国保連は、基本的に書面審査のみを行います。したがって、書類上、明らかな不正等の痕跡が認められない場合には、原則として、請求通りに介護報酬が支払われることになります。

　なお、期限日までに提出された介護給付費請求明細書に基づき、国保連は、サービス提供の翌々月の月末まで（地域によって日程は異なります）に、介護施設に対して入金を行います。

Q 介護施設を運営することを予定しています。資金計画を作成する上で注意すべき事項には、どのような点がありますか。また、介護給付費が支給されるまでに、どのくらいの期間がかかるのでしょうか。

A 　介護施設を運営する事業者にとって、施設の建物や必要な設備・人員を確保することが重要なことは、いうまでもありません。しかし、介護施設を運営していく上で、もっとも重要な点は、現実的で綿密な資金計画を立て、介護施設の運営を行っていく必要があるという点です。

　特に、介護施設事業者は、介護サービスを提供するのに必要な費用について、市町村に対して、介護給付費等を請求することができます。しかし、介護給付費等については、介護サービス提供時点で、即時に支払いを受けることができるわけではありません。

　具体的には、介護サービスの提供を行った翌月に、市町村に対して請求を行い、実際に介護給付費等の支払いを受けることができるのは、さらにその翌月になります。つまり、介護サービスを提供した約2か月後になって、支払いを受けることができるということになります。そのため、介護サービスの提供に必要な費用については、介護給付費等の支給を受けられるまでの間に、時間差があることを十分に把握した上で、介護施設の運営を行っていかなければ、運営に行き詰まってしまいます。そこで、資金計画において一般的には、介護施設運営開始後2か月間は、介護給付費等の支給は受けられないものとして算出します。もっとも、介護給付費等の支給までの時間差があることで、介護施設事業者の経営が圧迫されることを考慮して、市町村から補助金を支給してもらえる場合もありますので、確認が必要です。

介護保険が適用されるサービスについて知っておこう

要介護者を対象に行われるサービスは大別すると3種類に分類される

■ どんなサービスがあるのか

　介護保険が適用されるサービスは、大きく分類すると、要介護者を対象に行う介護給付と、要支援者を対象に行われる予防給付に分けられます。どちらのサービスも、通常、居宅サービス、施設サービス、地域密着型サービスの3つに分類・整理されています。

　居宅サービスとは、利用者の自宅で行われるサービス（訪問介護）、あるいは、利用者が自宅から施設に通ってサービスを受ける（通所介護）ような、利用者の住まいが自宅である場合に、利用可能なサービスです。施設サービスとは、利用者が生活の中心を施設で過ごす場合に、受けることができるサービスです。そして、地域密着型サービスとは、利用者が住み慣れた地域から離れず、暮らし続けることができるように、提供されるさまざまなサービスのことです。

　以下では、介護保険サービスのメインともいえる、居宅サービスと施設サービスについて見ていきます。

■ 訪問サービス

　居宅サービスの中でも、自宅でサービスを受けることができるものが訪問サービスです。訪問サービスには、訪問介護、訪問入浴介護、訪問看護、訪問リハビリテーション、居宅療養管理指導、特定施設入居者生活介護などがあります。

■ 通所サービス

　通所サービスは、要介護者が通所介護事業所に出向いて、サービス

の提供を受けるもので、通所介護サービスと通所リハビリテーションに分けられます。

　このうち、通所リハビリテーションを行うことのできる施設は、病院などの医療機関や介護老人保健施設、介護医療院に限られています。また、サービスを提供する人も、医師や理学療法士、作業療法士、言語聴覚士の他、一定の経験を積んだ看護師など、通所介護サービスに比べるとより専門的なスタッフが配置されています。

■ 短期入所サービスとは

　短期入所サービスは、ショートステイとも呼ばれ、短期入所生活介護と短期入所療養介護があります。いずれも、要介護者を介護している家族の、介護の負担を減らすことが目的です。なお、短期入所療養

■ 要介護者が利用できる訪問サービス ……………………………

訪問介護	別名ホームヘルプサービス ホームヘルパーが要介護者の自宅に出向く 要介護者の身体介護・生活援助・相談・助言
訪問入浴介護	入浴車で要介護者の自宅に出向く 入浴車にて入浴の介護を行う
訪問看護	病状は安定しているものの日常生活を送るには支障がある人が対象 要介護者の自宅に看護師などが出向く 看護師などが主治医の判断に基づいて医療的な看護を提供する
訪問 リハビリテーション	理学療法士・作業療法士などが要介護者の自宅に出向く 要介護者の心身機能の維持回復、自立の手助けが目的 理学療法・作業療法などによるリハビリテーションを行う
居宅療養 管理指導	退院した要介護者の自宅に医療や栄養学の専門家が出向く 専門家は医師・歯科医師・薬剤師・管理栄養士・歯科衛生士など サービス内容は療養上の管理・指導・助言
特定施設入居者 生活介護	特定施設に入居している要介護者が対象 日常生活上の支援や介護の提供

介護では、要介護者が入所する施設は、介護老人保健施設や病院など
に限定されます。

■ 施設サービスとは

　施設サービスは、居宅サービスと異なり、利用者が生活の場として
施設を利用し、その中で必要な介護サービスや、場合によっては医療
サービスを受けることができます。施設サービスが提供される施設は、
介護老人福祉施設（特別養護老人ホーム）、介護老人保健施設、介護
医療院といった介護保険施設です。なお、施設サービスについては、
対象者が要介護者に限定される点に注意が必要です。

■ 施設系サービスと短期入所サービス ……………………………………

短期入所サービス	■ 短期入所生活介護	
	別　　　名	：一般型ショートステイ
	目　　　的	：要介護者を介護している家族から介護の負担を減らすこと
	入所する施設	：特別養護老人ホームなど
	特　　　徴	：施設に短期間入所し身体介護・日常生活の支援などを受ける
	■ 短期入所療養介護	
	別　　　名	：医療型ショートステイ
	目　　　的	：要介護者を介護している家族から介護の負担を減らすこと
	入所する施設	：介護老人保健施設や病院
	特　　　徴	：身体介護・日常生活の支援・機能訓練を受ける　医療施設の場合には医療的な処置を受ける
施設サービス	特　　　徴	：特定施設を除く特別養護老人ホーム・介護老人保健施設などに長期間入所する場合
特定施設入居者生活介護	条　　　件	：有料老人ホームなどの特定施設に入所する場合
	特　　　徴	：長期間入所していても在宅サービス扱いとなる

第5章

指定事業者になるための
基準と申請手続き

1 事業者・施設について知っておこう

豊富なサービスの種類と施設の種類の特徴を把握しておく

■ 事業者

　介護保険のサービスを提供するのは、行政機関ではなく、営利法人やNPO法人といった事業者です。介護給付の対象になる介護サービスについては、原則として都道府県知事による指定を受けなければなりません。また、地域密着型サービスについては、市町村長の指定を受ける必要がありますので注意が必要です。

　介護保険制度上のサービスを提供する事業者は、一定の要件を備える必要があります（次ページ図）。

　これらの各種基準は、利用者に対して適切な介護サービスが提供されるように、サービスの水準を維持するために設けられています。介護サービスの事業者が指定を受けるための各種基準については、原則として、各地方公共団体が条例により規定しています。また、介護を担う職員を確保する必要性が高まっていることから、指定を受けようとする事業者が、労働基準法をはじめとする労働法規に違反し、罰金刑を受けた場合には、指定を受けることができません。

　なお、都道府県知事や市町村長は、指定を希望する事業者が指定要件に該当している場合には、基本的には、事業者の求めに応じて指定を行わなければならないといえます。しかし、指定要件の判断にあたり、特に事業者が適正に介護保険サービスを継続して運営可能であるかを判断する際には、比較的幅広い裁量が認められます。そのため、判断の基礎になる事実に誤りがある場合や、判断のプロセスが著しく不合理とはいえない場合には、都道府県知事や市町村長の判断が違法と判断されることはないといえます。

166

・指定事業者として欠格事由に該当しないこと

欠格事由には、たとえば、過去5年以内に指定事業者の取消処分を受けていることなどが挙げられます。

事業者が、都道府県に対して指定の申請を行った場合、指定基準を満たし、欠格事由がない限りは、原則として事業者・施設に関する指定を行わなければなりません。もっとも、施設サービスなどについては、事業者が施設を設置予定の地域において、すでに十分な介護サービスが提供されているなどの状況が認められる場合には、都道府県は、例外的に指定を拒否することが認められています。

指定を受けた事業者は、その提供するサービスによって、①指定居宅介護支援事業者、②指定居宅サービス事業者、③介護保険施設の3つに分類することができます。

■ 指定居宅介護支援事業者・指定居宅サービス事業者とは

指定居宅介護支援事業者は、在宅で支援を受ける利用者にサービスを提供することをメインとしています。具体的には、利用者である要介護者の依頼を受けて介護サービスの利用計画（ケアプラン）を作成する他、すでに提供しているサービスが利用者にあっているかどうかをチェックして、必要に応じてプランの調整を行います。ケアプランの作成をメインとして行うケアマネジャーは、指定居宅介護支援事業者の下で仕事を行っています。

■ 事業者の指定要件

- ・事業者が法人であること（原則）
- ・提供するサービスごとに、適切な人員基準を満たしていること
- ・提供するサービスごとに適正な運営を行うこと、また、運営の際には所定の運営基準や施設基準に従っていること
- ・欠格事由に該当しないこと

次に、指定居宅サービス事業者について説明します。指定居宅サービス事業者は、在宅の要介護者に対してケアプランに沿った居宅サービスを提供する事業者です。指定居宅サービス事業者は、その提供するサービス内容の種類に応じて細かく指定されます。

■ 介護保険施設のサービス

　介護保険施設は、原則として在宅で介護を受けることができない状態になった場合に利用できるサービスです。たとえば、常に介護が必要な状態になった場合や、医療や機能訓練などを受ける必要がある場合、などです。施設サービスを利用する場合には、こうした利用者の状況や環境を考慮した上で、適切な施設を選ぶ必要があります。

　介護保険施設には大きく分けると、①介護老人福祉施設（特別養護老人ホーム）、②介護老人保健施設、③介護医療院、の３種類があります。なお、介護医療院は、従来から設けられていた介護療養型医療施設に代わる施設として新設されましたが、介護療養型医療施設についても、他の施設への切換えにかかる期間を考慮して、令和６年（2024年）３月まで残置されることになっています。

■ 介護保険施設以外の施設が提供するサービス

　介護保険制度においては、介護老人福祉施設や介護老人保健施設などの介護保険施設のサービスを利用すると、訪問介護や通所介護などの居宅サービスを利用することはできません。日常の生活介護などは施設サービスで提供されるからです。

　しかし、有料老人ホームや軽費老人ホーム、ケアハウス、サービス付き高齢者向け住宅のような施設においては、介護保険制度上は施設ではなく在宅の扱いになるため、訪問介護や通所介護などの介護保険を利用することが可能です。有料老人ホームやケアハウスなどに住みながら、自室で訪問介護を受けたり、日中はデイサービスに通ったり

することができるということです。そのため、訪問介護事業所や通所介護事業所を併設している施設も多く見られます。

　なお、軽費老人ホームやケアハウスは、比較的経済的な負担も少なく入居できる施設です。軽費老人ホームは、自分の身の回りのことは自分でできる人を対象としており、３つの類型に分かれていますが、将来的にはケアハウスに統一される予定です。

　他方で、一部の有料老人ホームやケアハウスの中には、介護付きを謳っている施設もあります。このような施設は、外部の介護サービス事業所を利用するのではなく、自前で介護サービスを提供している点に特徴があります。このような形態を特定施設入居者生活介護と呼び、居宅サービスの一類型となっています。

　介護老人福祉施設などは「すまいの機能」と「介護の機能」が一体となっているのに対して、有料老人ホームなどは「すまいの機能」と「介護の機能」が別々になっているといえます。そのため、契約に関しても住まいの部分と介護の部分に関しては別々の契約になっているのが一般的です。また、通常の介護保険施設に併設されている施設でのサービスを利用する場合にも居宅サービス扱いで受けることが可能で、短期入所生活介護や通所介護・通所リハビリテーションなどが該当します。短期入所生活介護は俗にショートステイと呼ばれ、通所介護・通所リハビリテーションはデイサービス・デイケアと呼ばれるサービスです。

　このうちショートステイは、在宅の要介護者が一時的に施設に入所して介護を受けたい場合に適したサービスです。

　地域密着型サービスのグループホーム（認知症対応型共同生活介護）は、比較的症状の軽い認知症の高齢者が集まって共同生活を送る形式の入居サービスです。グループホームの場合には、専門のスタッフが介護しながらも、食事の支度や掃除や洗濯といった利用者自身の身の回りについては、利用者自身と専門スタッフとが共同で行います。グループホームでは利用者自身に役割を持たせることで、高齢者の心

身の安定を取り戻し、認知症の進行を遅らせることができるのです。

　なお、いずれの施設のサービスを利用する場合も、日常生活に必要な経費などは自己負担となります。

■ サービス付き高齢者向け住宅

　サービス付き高齢者向け住宅（サ高住）とは、60歳以上の人か要介護・要支援を受けている人と、その同居者（要件あり）が利用できる賃貸式の居宅です。原則として専用部分の床面積は原則25㎡以上であることなど一定の要件があり、スロープなどバリアフリー構造が採用されている必要があります。サービス付き高齢者向け住宅の大きな特徴は、入居に際して締結する契約が、主に賃貸借契約であるという点にあります。つまり、入居者には借地借家法上の借家人としての地位が認められるため、入院したことを理由に事業者側から一方的に契約を解除することは認められていません。

　ただし、特別養護老人ホームや有料老人ホームのように、介護サービスを受けることを前提条件とした施設とは違います。そのため、生活支援サービスや介護サービスを利用するためには、原則として外部の事業者に依頼をしなければなりません。また、重度の介護が必要になった場合には、十分なサービスを受けるために、他の施設への住み替えが必要になる場合もあります。

　サービス付き高齢者向け住宅は、常駐するスタッフが高齢者に対する見守りサービス（安否確認サービスや生活相談サービス）を行うことが必須の要件となっています。

　安否確認サービスには、①毎日定刻に職員が居室を訪れるサービスや、②トイレや冷蔵庫の扉などにセンサーを設置し、長時間開閉がない場合に職員が居室を訪れるサービスの他、①②を併用したサービスがあります。生活相談サービスとは、健康上の悩みや生活上の心配事について相談することができるサービスです。

2 事業者の指定について知っておこう

都道府県や市町村に申請し、指定を受けなければならない

■ 指定事業者とは

　在宅サービスを提供したり施設サービスを提供する事業者のうち、介護保険の適用を受けるサービスを提供する事業者のことを指定事業者といいます。指定事業者には誰でもなれるわけではありません。手続上、都道府県知事に申請し、指定を受ける必要があります。都道府県知事の指定を受ける際に、次の3つの条件が満たされているかどうかが確認されます。

① 事業者が法人格を持っていること（原則）
② 人員基準を満たしていること
③ 運営基準や施設基準にそった適正な運営を継続的に行うことができること

　指定事業者は、要介護者を対象に行うサービスについて大別すると、指定居宅介護支援事業者、指定居宅サービス事業者、介護保険施設の3つの種類に分かれます。

・指定居宅介護支援事業者

　ケアプランを作成したり、提供するサービスの調整を行う事業者で、ケアマネジャーなどはこの事業者の下で業務を行います。指定居宅介護支援事業者は、在宅でサービスを受ける要介護者からの依頼を受けて業務を行います。

・指定居宅サービス事業者

　居宅サービスを提供する事業者です。指定居宅サービス事業者の指定は、サービスの種類ごとに行われます。たとえば、事業者が訪問看護と訪問介護のサービスを提供したい場合には、訪問看護の指定と訪

問介護の指定をそれぞれ受ける必要があります。

・介護保険施設

　指定事業者が運営する施設です。介護保険施設は、指定介護老人福祉施設、介護老人保健施設、介護医療院に分けられます。かつての指定介護療養型医療施設は、令和6年（2024年）3月に完全に廃止される予定です。なお、介護保険施設のうち、介護老人福祉施設は介護保険上の指定を受けることが必要ですが、介護老人保健施設と介護医療院は介護保険上、許可を受けることが必要とされています。

　また、事業者の指定を行う主体についても注意が必要です。指定居宅サービス事業者と介護保険施設については、都道府県知事が指定を行います。その他に、要支援者を対象に、介護予防訪問入浴介護サービスなどを提供する指定介護予防サービス事業者についても、都道府県知事の指定を受ける必要があります。

　これに対して、指定居宅介護支援事業者については、かつては都道府県知事の指定を受ける必要がありましたが、現在では、指定の権限が市町村長に移譲され、市町村長の指定を受ける必要があります。また、指定介護予防支援事業者についても市町村長の指定が必要です。その他にも、地域密着型サービスを提供する事業者（指定地域密着型サービス事業者や指定地域密着型介護予防サービス事業者）については、市町村長の指定が必要になりますので注意が必要です。

■人員基準、設備基準、運営基準には何が規定されているのか

　各介護サービスごとの人員基準、設備基準、運営基準の詳細は182ページ以下で説明します。ここでは、人員基準や設備基準、運営基準にはどんなことが規定されているのか、について説明します。

　サービスを提供する上で、最低限必要な職種やその人数を規定しているのが人員基準です。介護サービスを提供する事業所では、さまざまな職種の人が働いています。訪問系、通所系、施設系のサービスに

よって、提供するサービスも異なりますので、当然必要となる職種や人数も異なっています。たとえば、訪問介護で、オムツ交換などの身体介護や洗濯などの生活介護を提供する場合は、介護福祉士などのヘルパーが行います。一方で、医師の指示の下、医療的なケアを行う訪問看護では、看護師など専門的な資格を持った従業員が提供する必要があります。また、施設系のサービスでは、ケアプランを作成するケアマネジャーや、利用者の個別相談、入退去のサポートを行う生活相談員、食事の管理を行う栄養士などを置かなければなりません。

　必要な従業員数も規定されています。施設サービスや通所サービスでは、利用者3名に対して、1名以上の介護職員や看護職員を配置するのが原則です。一方、訪問サービスでは、1名の利用者に対して、原則1名の職員がサービスを提供します。

　設備基準では、居室面積や必要なスペースなどを規定しています。介護施設では病院などと違い生活の場ともなっているため、病院と比べて広い居室面積が必要とされています。また、プライバシーへの配慮やバリアフリーにするなどが求められます。高齢者は火災が起きると逃げ遅れる場合があるため、消防設備などを備える必要もあります。

　運営基準では、運営上、事業所が行わなければならないことや留意すべき事項が規定されています。介護サービスは、専門的なことも多く、利用者にはわかりにくい制度となっています。そのため、事業者は、運営規程の概要やサービスの内容、料金を記載した重要事項説明書などを、利用前に利用者やその家族に説明して、同意を得る必要があります。また、サービスの提供を拒否したり、何らかの理由でサービスが提供できない場合は、他の事業者を紹介するなどのルールが定められています。

■ サービスの種類ごとに指定を受ける

　介護保険サービスを提供する事業者は、都道府県知事や市町村長か

ら指定を受ける必要があります。この指定は、事業者単位で受けるものではなく、サービスの種類ごとに受ける必要があります。指定を受ける際には、サービスごとに定められた基本方針、人員基準、設備・運営に関する基準に従う必要があります。たとえば、訪問・通所サービスなどについて指定を受ける場合は、ケアプランに沿ったサービスの提供、必要に応じたサービス計画の変更、サービスの提供に関する事項の記録を残すこと、居宅介護事業者との連携などが求められています。

　一方、短期入所サービスについて指定を受ける場合には、不要な身体拘束の禁止、入浴・オムツ交換の頻度、職員以外の者による介護の禁止などについて、一定の基準に従う必要があります。

■ 指定には特例もある

　指定を受けなくても、介護保険サービスが提供できる「特例」が適用される場合が3つあります。

① みなし特例

　他の法律によって認可、指定を受けている機関は、指定を受けたとみなされるという特例です。健康保険法、老人福祉法、老人保健法で許可や認可、指定を受けている機関が一定の介護サービスを提供する場合に、この特例が適用されます。たとえば、病院や診療所が、訪問看護、訪問リハビリ、居宅療養管理指導といった介護サービスを提供する場合には、介護保険についての指定を受ける必要がありません。

② 申請なしで指定介護保険施設となることができるという特例

　たとえば、介護保険法施行前から存在していた既存の特別養護老人ホームや老人保健施設については、介護老人福祉施設や介護老人保健施設の指定を受ける必要がありません。

③ 指定を受けていない事業者が提供するサービスであっても、市町村の判断で、介護保険の給付対象とできるという特例

　この特例の対象になるのは、指定サービスと同水準と考えられる基

準該当サービスと、サービス確保が難しい離島や過疎地において提供される離島等相当サービスです。

■ 指定の取消や業務管理体制の届出について

かつての介護保険制度は、社会保険制度などと比べると規制がされていなかったため、悪質な業者によって多くの不正な請求がなされていました。こうした事態への対策を重視した国は、段階的に介護保険の事業者に関する規制の見直しや強化を繰り返してきました。不正請求を行う悪質な事業者については、指定を取り消すことで、介護保険の制度から締め出すしくみを導入し、介護サービスの質の向上を図りました。指定制度について強化された項目として、以下の項目が挙げられます。

① 指定の更新拒否と取消制度

指定の有効期限を6年とし、更新時に適正な事業運営が不可能だと判断された事業者については、更新が拒否されます。また、介護サービス事業者の指定権者である都道府県や市町村は、労働基準法など、労働法規に違反して罰金刑を受けた事業者の指定を取り消すことが可能です。

② 業務管理体制の届出の義務化

整備すべき体制は、各事業者が運営する事業所等の数により異なり、運営する事業所・施設の数が1以上20未満であれば、法令遵守責任者の選任が必要で、20以上100未満であれば、法令遵守規程の整備と、法令遵守責任者の選任が必要です。100以上であれば、それらに加え業務執行の状況の監査の方法の届出も必要です。

都道府県の指定や市町村の指定を受けることが必要

■ 事業者として指定を受ける

　介護保険のサービスにはさまざまな種類がありますが、サービスを提供する事業者になるためには都道府県や市町村の指定を受けることが必要です。都道府県の指定を受けることが必要なサービスと、市町村の指定を受けることが必要なサービスがあります。

■ 指定申請の手続きの流れ

　指定申請は、①都道府県や市町村と事前相談、②必要な書類を作成、③役所の担当窓口で申請、④審査、⑤指定、という流れが一般的です。

　指定前に説明会や研修が行われている自治体もあるので、事前相談の段階で確認しておく必要があります。また、申請の時期についても事業開始日の2か月前末日までなど、申請期限が決まっている自治体が多いので計画的に進めましょう。

　申請後、事業所としての各サービスの人員基準、設備基準、運営基準などを満たしているかどうか、申請者（事業者）やその法人役員が欠格事由に該当していないかどうかを審査します。基準を満たしていれば指定が行われ、サービスを開始することができます。

　介護サービスはこのような基準に基づく指定を行っていることに特徴があります。新規申請以外にも、人員配置が変更になった場合の変更申請や6年に一度は指定更新を行う必要があります。

■ 指定事業者になるための必要な要件

　介護保険事業者の指定を受けるためには、以下のような条件を満た

している必要があります。

① 法人であること
② 人員基準、設備基準を満たしていること
③ 運営基準を満たし、適切な事業の運営ができること
④ 欠格事項に該当しないこと

■ 居宅サービスについての指定

　指定が必要な居宅サービスには、179ページ図のようなサービスがあります。

　介護給付、予防給付の各サービスの指定は都道府県が行います。都道府県の指定の事務は、指定都市および中核市に移譲されています。そのため、都道府県（指定都市、中核市）の担当窓口に事前相談を行う必要があります。なお、健康保険法で保険医療機関や保険薬局としてすでに指定されている医療機関などが、訪問看護や訪問リハビリテーションなどを行う場合は、指定申請を行わなくてもサービスを開始できます（みなし指定）。

■ 施設サービスについての指定

　指定が必要な施設サービスには、179ページ図のようなサービスがあります。介護給付の各サービスの指定は都道府県が行います。なお、施設サービスの場合、指定申請を行う前に土地の取得や施設整備の準備などがあるため、都道府県の施設整備計画に沿って募集が行われます。募集に応募して選定され、工事の着工などを経て指定申請を行うという流れになります。

■ 地域密着型サービスについての指定

　指定が必要な地域密着型サービスには、179ページ図のようなサービスがあります。介護給付、予防給付の各サービスの指定は市町村が

行います。そのため、市町村の担当窓口に事前相談を行う必要があります。平成30年（2018年）4月からは「保険者（市町村）の機能強化」が行われています。地域のマネジメントを推進するため、保険者である市町村が介護サービスなどの供給量を調整できるように、指定拒否や条件付加のしくみが導入されています。これにより、地域密着型通所介護事業所などの数が市町村の介護保険事業計画の見込み量に達している場合に、事業所の指定を拒否することが可能になっています。

■ その他のサービスについての指定

① 居宅介護支援、介護予防支援

居宅サービスなどのケアプラン作成が主なサービス内容です。これまで都道府県による指定でしたが、平成30年（2018年）4月からは市町村が指定を行うことになりました。

背景には、保険者（市町村）の機能強化があります。ケアプランは、介護保険利用者と地域でサービス提供を行う事業所の橋渡し的存在です。ケアマネージャーを育成、指導、支援することが、サービスの質向上には欠かせないため、市町村単位でそれらを行えるしくみが作られました。

② 介護予防・生活支援サービス事業

介護予防・生活支援総合事業の中には、一般介護予防事業と介護予防・生活支援サービス事業があります。後者の介護予防・生活支援サービス事業は、訪問型サービスと通所型サービスに分かれており、これまであった介護予防訪問介護や介護予防通所介護がこの事業に移行しました。

これらの訪問型サービスと通所型サービスを「第1号事業」と言い、市町村の指定を受ける必要があります。

■ 介護サービスと指定権者 ……………………………………………

	介護サービス	指定権者
居宅サービス・介護予防サービス	訪問介護、通所介護 （介護予防）訪問入浴介護 （介護予防）訪問看護、 （介護予防）訪問リハビリテーション、 （介護予防）居宅療養管理指導 （介護予防）通所リハビリテーション、 （介護予防）短期入所生活介護、 （介護予防）短期入所療養介護、 （介護予防）特定施設入居者生活介護、 （介護予防）福祉用具貸与、 特定（介護予防）福祉用具販売	都道府県 （指定都市、中核都市）
施設サービス	介護老人福祉施設、介護老人保健施設、 介護療養型医療施設、介護医療院	都道府県 （指定都市、中核都市）
地域密着型サービス・地域密着型予防サービス	定期巡回・随時対応型訪問介護看護、 夜間対応型訪問介護、 地域密着型通所介護、 （介護予防）認知症対応型通所介護、 （介護予防）小規模多機能型居宅介護、 （介護予防）認知症対応型共同生活介護、 地域密着型特定施設入居者生活介護、 地域密着型介護老人福祉施設入所者生活介護、 看護小規模多機能型居宅介護 療養通所介護	市町村
その他	居宅介護支援、介護予防支援	市町村
	介護予防・生活支援サービス事業	市町村

※病院などの保険医療機関が実施する訪問看護、居宅療養管理指導、短期入所療養介護、
　訪問リハビリテーション、通所リハビリテーションは指定があったとみなされます
　（介護予防含む）。

常勤の介護支援専門員の配置が必須

■ 事業者としての指定を受けるための認定基準

　居宅介護支援事業者として指定を受けることができるのは、次のような要件を満たしている事業者です。なお、介護予防支援は、地域包括支援センターが指定を受け、実施するサービスです。事業者が指定を受ける場合には居宅介護支援事業者として指定申請を行うことになるでしょう。

① 法人格を有していること

② 登記上の事業目的に、居宅介護支援事業を行うことが明確に記載されていること

③ 常勤の介護支援専門員（ケアマネジャー）が1名以上常駐していること

④ 管理者は常勤専従で主任介護支援専門員を配置すること（令和9年（2027年）3月31日までは、令和3年（2021年）3月31日時点の管理者が、管理者を続けることができる経過措置あり）

⑤ 事業を行うために必要なスペースが確保されていること

⑥ 事務机や鍵付書架、パソコンなど、居宅介護支援事業を行うにあたって必要な備品が確保されていること

■ どんな書類を提出するのか

　申請にあたって提出する書類は、申請先の自治体によって異なりますが、おおむね次のようなものが必要とされています。

① 指定申請書と指定に係る記載事項

② 申請者の法人登記事項証明書、定款など

③ **従業者の勤務体制及び勤務形態一覧表**

資格証、雇用契約書の写しなどを合わせて添付します。

④ **管理者の経歴書**

　管理者の職歴や職務に関連する資格の種類、資格取得年月などを記載します。

⑤ **事業所の平面図**

　事業所の各室の利用方法や備品の配置場所、相談・会議スペースの位置、面積などを記載します。事業所内外の写真の添付も求められます。

⑥ **欠格事項に該当しない旨の誓約書**

⑦ **介護給付費算定に係る体制等に関する届出書**

体制加算などの状況を記載します。

　この他の必要書類としては、運営規程、利用者からの苦情を処理するために講ずる措置の概要、関係区市町村などとの連携の内容などが挙げられます。

■ 書式作成上の注意点

　申請書式の作成にあたっては以下の点に留意してください。

【書式作成の一般的な注意事項】

　介護事業者の指定申請書を作成する際の一般的な注意事項は、次のとおりです。

① 申請書右上の日付は、提出日を記載します。

② 法人の種別は、営利法人（株式会社）、社会福祉法人、医療法人などの法人の種類を記載します。

③ 法人の名称、所在地、代表者の氏名、代表者の職名、住所等については、登記事項証明書に記載されているとおり一字一句正確に記載します。

④ 事業所の名称と法人の名称は、異なっていてもかまいません。

⑤ 申請書、記載事項と組織体制図、管理者経歴書、勤務体制表など

の添付書類の記載が食い違わないようにします。

⑥ ①～⑤以外にも作成上注意すべき点があります。詳しくは、各自治体の担当窓口で確認してください。

書式1　指定申請書

居宅介護支援事業所の指定申請を行う場合は、申請書左上の「指定居宅介護支援事業所」の箇所を○で囲みます。さらに、申請書下部の居宅介護支援の「実施事業」欄に○を記載し、右の欄に事業開始予定年月日を記載します。

書式2　指定に係る記載事項

「利用者数」欄に記載する利用者の上限は、「介護支援専門員の常勤換算数」×35名です。

書式3　指定に係る記載事項（別紙）

介護支援専門員の氏名、登録番号、登録都道府県を記載します。

■ 居宅介護支援事業の指定を受けるための申請手続きの流れ ……

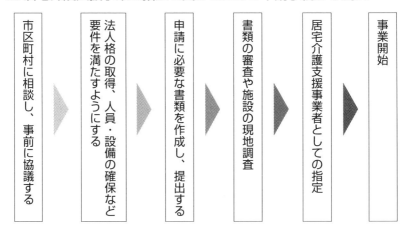

市区町村に相談し、事前に協議する → 法人格の取得、人員・設備の確保など要件を満たすようにする → 申請に必要な書類を作成し、提出する → 書類の審査や施設の現地調査 → 居宅介護支援事業者としての指定 → 事業開始

第1号様式（第2条関係）

指定地域密着型サービス事業者		
(指定居宅介護支援事業者)		受付番号
指定地域密着型介護予防サービス事業者		
指定介護予防支援事業者	指定申請書	

2023 年　3 月　1 日

（宛先）
東京都板橋区長

所在地　東京都板橋区○○町○丁目○番○号
申請者　名　称　株式会社○○○○
代表者の職・氏名　代表取締役　甲野　乙男

介護保険法に規定する事業者に係る指定を受けたいので、下記のとおり、関係書類を添えて申請します。

事業所所在地区市町村番号

申請者	フリガナ		カブシキガイシャ○○○○			
	名　称		株式会社○○○○			
	主たる事務所の所在地	（郵便番号　○○○－○○○○）				
		東京 (都)道府県　板橋 (郡市)(区)　○○町○丁目○番○号				
		（ビルの名称等）				
	申請者連絡先	電話番号　03－○○○○－○○○○		FAX番号　03－○○○○－○○○○		
	法人の種別	営利法人		法人所轄庁		
	代表者の職名・氏名・生年月日	職　名　代表取締役	フリガナ コウノ オツオ			生年月日
			氏　名　甲野　乙男			○○○○年○○月○○日
	代表者の住所	（郵便番号　○○○－○○○○）				
		東京 (都)道府県　大田 (郡市)(区)　○○町○－○				

指定を受けようとする事業所の種類	フリガナ		シテイキョタクカイゴシエンジギョウショ			
	名　称		指定居宅介護支援事業所　○○○○			
	事業所等の所在地	（郵便番号　○○○－○○○○）				
		東京 (都)道府県　板橋 (郡市)(区)　○○町○－○				
	事業所連絡先	電話番号　03－○○○○－○○○○		FAX番号　03－○○○○－○○○○		

同一所在地において行う事業等の種類		実施事業（該当にする）をする	指定申請をする事業等の事業開始予定年月日	既に指定を受けている事業等の指定年月日	様式
地域密着型サービス	定期巡回・随時対応型訪問介護看護				付表1
	夜間対応型訪問介護				付表2
	地域密着型通所介護				付表3
	認知症対応型通所介護				付表4
	小規模多機能型居宅介護				付表5
	認知症対応型共同生活介護				付表7
	地域密着型特定施設入居者生活介護				付表8
	地域密着型介護老人福祉施設入所者生活介護				付表9
	看護小規模多機能型居宅介護				付表9
居宅介護支援		○	2023年5月1日		付表10
地域密着型介護予防サービス	介護予防認知症対応型通所介護				付表4
	介護予防小規模多機能型居宅介護				付表5
	介護予防認知症対応型共同生活介護				付表6
介護予防支援					付表11

地域包括支援センターの設置年月日（設置している場合に記入）	
指定を受けている他区市町村名	
介護保険事業所番号　　｜　｜　｜　｜　｜　｜	（当該事業所が既に他のサービスで指定を受けている場合）
医療機関コード等	（保険医療機関として指定を受けている場合）

備考
1　「受付番号」「事業所所在地区市町村番号」欄には記載しないでください。
2　「法人の種別」欄は、申請者が法人である場合に、「社会福祉法人」「医療法人」「一般社団法人」「一般財団法人」「株式会社」「有限会社」等の別を記入してください。
3　「法人所轄庁」欄、申請者が認可法人である場合に、その主務官庁の名称を記載してください。
4　「実施事業」欄は、今回申請するものおよび既に指定を受けているものについて、該当する欄に「○」を記入してください。
5　「指定申請をする事業の事業開始予定年月日」欄は、該当する事業の事業開始予定年月日を記載してください。
6　「既に指定を受けている事業の指定年月日」欄は、介護保険法による指定事業者として指定された年月日を記載してください。
7　保険医療機関、保険薬局、老人保健施設または老人訪問看護ステーションとして既に医療機関コード等が付番されている場合には、そのコードを「医療機関コード等」欄に記載してください。複数のコードを有する場合には、適宜様式を補正して、その全てを記載してください。
8　既に地域密着型サービス事業者の指定を受けている事業者が、地域密着型介護予防サービス事業者の指定を受ける場合において、届出事項に変更がないようなときには、「事業所の名称および所在地」「申請者の名称および主たる事務所の所在地ならびにその代表者の氏名、生年月日、住所および職名」「当該申請に係る事業の開始の予定年月日」「当該申請に係る地域密着型介護予防サービス費の請求に関する事項」「欠格事由に該当しないことを誓約する書面」「役員の氏名、生年月日および住所」「介護支援専門員の氏名および登録番号」「その他指定に関し必要と認める事項」を除いて、申請書への記載または書類の提出を省略できます。また、既に地域密着型介護予防サービス事業者の指定を受けている事業者が、地域密着型サービス事業者の指定を受ける場合においても同様です。

書式2　指定に係る記載事項

付表10

指定居宅介護支援事業者の指定に係る記載事項

事業所	フリガナ	シテイキョタクカイゴシエンジギョウショ○○○○							
	名　称	指定居宅介護支援事業所○○○○							
	所在地	（郵便番号　　○○○　－　○○○○　） 東京都　　　板橋 郡市 区　○○町○丁目○番○号							
	連絡先	電話番号　03-○○○○-○○○○　FAX番号　03-○○○○-○○○○							
管理者	フリガナ	ヘイヤマ　イチロウ		住所	（郵便番号○○○－○○○○）				
	氏　名	丙山　一郎			東京都板橋区○○町○-○				
	生年月日	昭和○○年○月○日							
	介護支援専門員登録番号	○	○	○	○	○	○	○	○
	当該居宅介護支援事業所で兼務する他の職種（兼務の場合のみ記入）					介護支援専門員			
	兼務する同一敷地内の 他の事業所又は施設 （兼務の場合のみ記入）	事業所等名称							
		兼務する職種 及び勤務時間等							

利用者数（新規申請時は推定数）			65 人		
従業者		介護支援専門員			
		専 従	兼 務		
	常　勤(人)	2	1		
	非常勤(人)	1			

主な掲示事項	営業日		日	月	火	水	木	金	土	祝	その他年間の 休日			
				○	○	○	○	○	○					
	営業時間	平日	9:00 ～ 17:00		土曜	9:00 ～ 16:00		日曜・祝日		～				
		備　考												
	利用料	法定代理受領分	なし											
		法定代理受領分以外	介護報酬告示上の額											
	その他の費用	運営規程に定める												
	通常の事業実施地域	①板橋区　②　　　③　　　④　　　⑤												
		備　考												
添付書類		別添のとおり												

備考　　記入欄が不足する場合は、適宜欄を設けて記載するか又は別様に記載した書類を添付してください。

（日本工業規格Ａ列４番）

付表10（別紙）　　　　当該事業所に勤務する介護支援専門員一覧

		氏　名	介護支援専門員登録番号	登録都道府県
①	フリガナ	カイゴ　ジロウ	○○○○○○○	東京都
	氏　名	介護　次郎		
②	フリガナ	シエン　カズオ	○○○○○○○	東京都
	氏　名	支援　一夫		
③	フリガナ	キョタク　ハナコ	○○○○○○○	東京都
	氏　名	居宅　花子		
④	フリガナ			
	氏　名			
⑤	フリガナ			
	氏　名			
⑥	フリガナ			
	氏　名			
⑦	フリガナ			
	氏　名			
⑧	フリガナ			
	氏　名			
⑨	フリガナ			
	氏　名			
⑩	フリガナ			
	氏　名			
⑪	フリガナ			
	氏　名			
⑫	フリガナ			
	氏　名			
⑬	フリガナ			
	氏　名			
⑭	フリガナ			
	氏　名			
⑮	フリガナ			
	氏　名			
⑯	フリガナ			
	氏　名			

備考　　1　記入欄が不足する場合は、適宜欄を設けて記載するか又は別様に記載した書類を添付してください。

（日本工業規格A列4番）

5 訪問介護事業者になるための基準と申請手続き

訪問サービスであるため、設備基準は緩やかである

■ 事業者としての指定を受けるための認定基準

指定を受けるには、省令で定められた人員基準、設備基準、運営基準をクリアする必要があります。なお、従来の介護予防訪問介護は、介護予防・生活支援サービス事業として市町村へ申請を行います。

【人員基準】

訪問介護員、サービス提供責任者、管理者の人員配置、資格などについて基準があります。

① 訪問介護員についての基準

訪問介護員とサービス提供責任者を合わせて常勤換算で2.5名以上配置する必要があります。ただし、常勤の勤務時間が32時間と定められていた場合には、パートタイムの訪問介護員の合計稼働時間が32時間で常勤1名と換算します。

訪問介護員になる資格を持つのは、介護福祉士、介護職員実務者研修修了者、初任者研修修了者（旧介護職員基礎研修修了者、旧ヘルパー1級・2級修了者）、看護職員などです。

② サービス提供責任者についての基準

サービス提供責任者は、原則、利用者の数が40人以下の場合は1名、それ以上の場合は、利用者数に応じて1名以上を配置する必要があります。責任者になる資格を持つのは、介護福祉士、介護職員実務者研修修了者、旧介護職員基礎研修修了者、旧ヘルパー1級修了者、看護師、准看護師、保健師です（自治体により異なります）。

③ 管理者についての基準

常勤・専従の管理者を1名置く必要があります。管理者に資格要件

はなく、訪問介護員やサービス提供責任者との兼務でもかまいません。

【設備基準】

　事業に必要な広さの専用区画を設ける他、訪問介護サービスの提供に必要な設備、備品を備える必要があります。利用者宅で提供するサービスであるため、事業所そのものは事務処理等に必要な広さがあれば足ります。そのため、通所介護のように、「～㎡の広さが必要」というような基準はありません。ただし、感染症予防に配慮した手指消毒洗浄設備を用意する必要はあります。また、プライバシーに配慮した相談室を確保する必要があります。

【運営基準】

　次のような項目について運営基準が設けられています。

・サービスの基本的な取扱方針、具体的な取扱方針
・運営規程に定めるべき事項
・事故発生時、利用者の緊急時の対応
・職員の秘密保持義務
・苦情処理
・居宅介護支援事業者への利益供与の禁止
・サービス内容や手続きの利用者への説明および同意の取得
・要介護認定申請の援助
・提供したサービスの内容等を記録および、利用者への記録の開示
・法定代理受領サービス（介護保険のサービス事業者や施設が、利用者である被保険者に代わってサービスの対価を受け取る方法）の利用に関する援助など

　訪問介護サービスを提供する場合、次のような方針に従う必要があります。

①　提供された訪問介護サービスの目標達成の度合い、利用者とその家族の満足度などについて常に評価を行うこと。

②　訪問介護計画の修正を行うなど、その改善を図ること。

③　介護の提供にあたっては、介護技術の進歩に対応した適切なサービスが提供できるよう、常に新しい技術を習得するなどの研鑽を行うこと。

　また、訪問介護事業所は居宅介護支援事業所との連携を行い、情報の提供を行います。具体的には、把握した利用者の服薬状況、口腔機能等の利用者の心身の状況、生活の状況に必要な情報の提供を行います。

■ どんな書類を提出するのか

　申請にあたって提出する書類は、申請先の自治体によって異なりますが、おおむね次のようなものが必要とされています。

①　指定申請書と指定に係る記載事項

　申請を行う介護サービスによって様式が異なりますので、注意する必要があります。次ページの書式作成上の注意点に留意して記載します。

②　申請者の法人登記事項証明書、定款など

③　従業者の勤務体制及び勤務形態一覧表

　従業者数や雇用形態、勤務体制などを記載します。就業規則、組織体制図、有資格者の資格証、雇用契約書の写し等などを合わせて添付します。

④　事業所の平面図

　事業所の事務室、相談室などの用途や面積、配置を記載します。事業所内外の写真の添付も求められます。

⑤　欠格事項に該当しない旨の誓約書

　5年以内に介護保険サービスに関して不正または著しく不適当な行為をしていない、などの欠格事項に該当していないことを誓約する書類です。

⑥　介護給付費算定に係る体制等に関する届出書

　体制加算などの状況を記載します。介護職員処遇改善加算を算定する場合には、介護職員処遇改善加算に関する届出書も必要です。

⑦　老人居宅生活支援事業開始届

　その他の必要書類としては、管理者などの経歴書、運営規程、利用者からの苦情を処理するために講ずる措置の概要、事業計画書や収支予算書などの資産の状況、などがあります。

■ 書式作成上の注意点

　申請書式の作成にあたっては以下の点に留意する必要があります。

・書式作成の一般的注意事項

　法人の名称、所在地、代表者の氏名、代表者の職名、住所については、登記事項証明書に記載されているとおり一字一句正確に記載します。

書式4　指定申請書

　訪問介護事業所の指定申請を行う場合は、申請書左上の「指定居宅サービス事業所」の箇所を○で囲みます。さらに、申請書下部の訪問介護の「指定（許可）申請　対象事業等」欄に○を記載し、右の「指定（許可）申請をする事業等の開始予定年月日」欄には事業開始予定年月日を記載します。

書式5　指定に係る記載事項

　従業者の常勤換算後の人数は、2.5人以上とします。

書式6　老人居宅生活支援事業開始届

　訪問介護サービスは、老人福祉法の老人居宅介護等事業に該当するため、老人福祉法の老人居宅生活支援事業開始届の届出が必要です。1 事業の種類及び内容、2 経営者の氏名及び住所、6 事業を行おうとする区域、8 事業開始の予定年月日を記載します。それ以外については、記載や添付書類は不要です（東京都の場合）。

第1号様式（第3関係）

(指定居宅サービス事業所)
指定介護予防サービス事業所
介護保険施設

指定（許可）申請書

2023 年 3 月 1 日

東京都 知事 殿

（名称）　東京都渋谷区○○町○ー○
申請者　　　株式会社○○○○
（代表者の職名・氏名）代表取締役 甲野 乙男　[代表者印]

介護保険法に規定する事業所（施設）に係る指定（許可）を受けたいので、下記のとおり、関係書類を添えて申請します。

	フリガナ	カブシキガイシャ○○○○				
申請者	名称	株式会社○○○○				
	主たる事務所の所在地	（郵便番号 ○○○ - ○○○○）東京 都 渋谷 区 ○○町○ー○				
	連絡先	電話番号 03-○○○○-○○○○　FAX番号 03-○○○○-○○○○　Email ○○○○@○○.co.jp				
	代表者の職名・氏名・生年月日	職名 代表取締役　フリガナ コウノ オツオ　氏名 甲野 乙男　生年月日 ○○○○年○月○○日				
	代表者の住所	（郵便番号 ○○○ - ○○○○）東京 都 大田 区 ○○町○ー○				

		同一所在地において行う事業等の種類	指定（許可）申請対象事業等（該当事業に○）	既に指定（許可）を受けている事業等（該当事業に○）	指定（許可）申請をする事業等の開始予定年月日	様式
指定（許可）を受けようとする事業所・施設の種類	指定居宅サービス	訪問介護	○		2023年5月1日	付表1
		訪問入浴介護				付表2
		訪問看護				付表3
		訪問リハビリテーション				付表4
		居宅療養管理指導				付表5
		通所介護				付表6
		通所リハビリテーション				付表7
		短期入所生活介護				付表8
		短期入所療養介護				付表9
		特定施設入居者生活介護				付表10
		福祉用具貸与				付表11
		特定福祉用具販売				付表12
	施設	介護老人福祉施設				付表13
		介護老人保健施設				付表14
		介護医療院				付表15
	指定介護予防サービス	介護予防訪問入浴介護				付表2
		介護予防訪問看護				付表3
		介護予防訪問リハビリテーション				付表4
		介護予防居宅療養管理指導				付表5
		介護予防通所リハビリテーション				付表7
		介護予防短期入所生活介護				付表8
		介護予防短期入所療養介護				付表9
		介護予防特定施設入居者生活介護				付表10
		介護予防福祉用具貸与				付表11
		特定介護予防福祉用具販売				付表12

介護保険事業所番号											（既に指定又は許可を受けている場合）
医療機関コード等											（保険医療機関として指定を受けている場合）

・ 裏面に記載に関しての備考があります。

（日本産業規格A列4番）

190

書式5　指定に係る記載事項

付表1 訪問介護事業所の指定に係る記載事項

<table>
<tr><td rowspan="5">事業所</td><td>フリガナ</td><td colspan="4">ホウモンカイゴジギョウショ○○○○</td></tr>
<tr><td>名　称</td><td colspan="4">訪問介護事業所○○○○</td></tr>
<tr><td rowspan="2">所在地</td><td colspan="4">（郵便番号　○○○ － ○○○○）
東京 都　　新宿 区市町村　○○町○－○</td></tr>
<tr></tr>
<tr><td rowspan="2">連絡先</td><td>電話番号</td><td>03-○○○○-○○○○</td><td>FAX番号</td><td>03-○○○○-○○○○</td></tr>
</table>

<table>
<tr><td colspan="2">連絡先</td><td>Email</td><td colspan="2">○○○○@○○.co.jp</td></tr>
<tr><td rowspan="4">管理者</td><td>フリガナ</td><td>ヘイヤマ イチロウ</td><td rowspan="2">住所</td><td>（郵便番号　○○○ － ○○○○）</td></tr>
<tr><td>氏　名</td><td>丙山　一郎</td><td rowspan="2">東京都新宿区○○町○－○</td></tr>
<tr><td>生年月日</td><td>昭和○○年○月○日</td></tr>
<tr><td colspan="2">訪問介護員等との兼務の有無</td><td colspan="2">無</td></tr>
</table>

<table>
<tr><td rowspan="2">同一敷地内の他の事業所又は施設の
従業者との兼務（兼務の場合記入）</td><td>名称</td><td></td></tr>
<tr><td>兼務する職種
及び勤務時間等</td><td></td></tr>
</table>

○人員に関する基準の確認に必要な事項

<table>
<tr><td rowspan="2">従業者の職種・員数</td><td colspan="2">訪問介護員等</td></tr>
<tr><td>専従</td><td>兼務</td></tr>
<tr><td>常　勤（人）</td><td>2</td><td>2</td></tr>
<tr><td>非常勤（人）</td><td>3</td><td></td></tr>
<tr><td>常勤換算後の人数（人）</td><td colspan="2">2.8</td></tr>
<tr><td>利用者の推定数（人）</td><td colspan="2">○○</td></tr>
</table>

<table>
<tr><td rowspan="2">サービス提供
責任者</td><td>フリガナ</td><td>スズキ ハナコ</td><td rowspan="2">住所</td><td>（郵便番号　　　○○○ - ○○○○）
東京都○○区○○町○－○</td></tr>
<tr><td>氏　名</td><td>鈴木　花子</td></tr>
<tr><td>フリガナ</td><td>タカハシ ハルコ</td><td rowspan="2">住所</td><td>（郵便番号　　　○○○ - ○○○○）
東京都○○区○○町○－○</td></tr>
<tr><td>氏　名</td><td>高橋　春子</td></tr>
<tr><td>添付書類</td><td colspan="3">別添のとおり</td></tr>
</table>

（訪問介護事業を事業所所在地以外の場所で一部実施する場合）

<table>
<tr><td rowspan="5">事業所</td><td>フリガナ</td><td colspan="3"></td></tr>
<tr><td>名　称</td><td colspan="3"></td></tr>
<tr><td rowspan="2">所在地</td><td colspan="3">（郵便番号　　　　－　　　　）
東京 都　　　　　　　区市
　　　　　　　　　　　町村</td></tr>
<tr></tr>
<tr><td>連絡先</td><td>電話番号</td><td></td><td>FAX番号</td></tr>
</table>

<table>
<tr><td></td><td>Email</td><td></td></tr>
</table>

備考　1 記入欄が不足する場合は、適宜欄を設けて記載するか又は別様に記載した書類を添付してください。
　　　2 当該事業を事業所所在地以外の場所（いわゆる出張所）で一部実施する場合、下段の表に所在地等を記載してください。
　　　　また、従業者については、上段の表に出張所に勤務する職員も含めて記載してください。

（日本産業規格A列4番）

書式6　老人居宅生活支援事業開始届

別記第1号様式（第2条関係）

老人居宅生活支援事業開始届

2023 年　3 月　1 日

東京都知事　　　殿

区市町村又は
法人等の名称　**株式会社○○○○**
代表者氏名　**代表取締役　甲野　乙男**　㊞代表者印

　下記のとおり老人居宅生活支援事業を開始するので、老人福祉法第 14 条及び老人福祉法施行規則第1条の9の規定により届け出ます。

記

1　事業の種類及び内容　**老人居宅介護等事業（訪問介護）**

2　経営者の氏名及び住所（法人等であるときは、その名称及び主たる事務所の所在地）　**株式会社○○○○　東京都渋谷区○○町○－○**

3　登記事項証明書又は条例

4　職員の定数及び職務の内容

5　主な職員の氏名

6　事業を行おうとする区域（区市町村からの委託事業にあっては、当該区市町村の名称を含む。）　**中野区、新宿区**

7　老人デイサービス事業、老人短期入所事業、小規模多機能型居宅介護事業、認知症対応型老人共同生活援助事業又は複合型サービス福祉事業にあっては、次に掲げる事項

　⑴　事業の用に供する施設、サービスの拠点又は住居の名称

　⑵　種類（小規模多機能型居宅介護事業、認知症対応型老人共同生活援助事業及び複合型サービス福祉事業に係るものを除く。）

　⑶　所在地

　⑷　入所定員、登録定員又は入居定員（老人デイサービス事業に係るものを除く。）

8　事業開始の予定年月日　**2023 年5 月1 日**

9　添付書類

　　知事が指示するもの

（日本産業規格Ａ列4番）

6 訪問入浴介護事業者になるための基準と申請手続き

常勤の看護職員または介護職員が1名以上必要

■ 事業者としての指定を受けるための認定基準

訪問入浴介護事業者、介護予防訪問入浴介護事業者として指定を受けるためには、次のような基準を満たしていなければなりません。

① 原則として専従常勤の管理者1名を確保していること

② 看護師または准看護師の資格を持つ看護職員1名以上、介護職員2名（介護予防訪問入浴介護事業者の場合は1名）以上を確保し、かつそのうち1名以上が常勤であること

③ 事業運営のために必要な広さ（浴室等の備品を保管できるスペースなど）の専用区画を設けていること

④ 相談スペースが設けられていること

⑤ 浴槽、車両等の必要な備品、感染予防設備を備えていること

⑥ 介護保険法に規定する欠格事由に該当していないこと

■ どんな書類を提出するのか

申請にあたって提出する書類は、申請先の自治体によって異なりますが、おおむね次のようなものが必要とされています。

① **指定申請書と指定に係る記載事項**

申請を行う介護サービスによって様式が異なりますので、注意する必要があります。次ページの書式作成上の注意点に留意して記載します。

② **申請者の法人登記事項証明書、定款など**

③ **従業者の勤務体制及び勤務形態一覧表**

従業者数や雇用形態、勤務体制などを記載します。就業規則、組織体制図、看護師や准看護師などの有資格者の資格証、雇用契約書の写

し等を合わせて添付します。

④　運営規程

⑤　事業所の平面図

　事業所内外の写真や入浴車両の概要がわかる写真を添付します。

⑥　欠格事項に該当しない旨の誓約書

　5年以内に介護保険サービスに関して不正または著しく不適当な行
為をしていない、などの欠格事項に該当していないことを誓約する書
類です。介護予防を含め2種類あります。

⑦　介護給付費算定に係る体制等に関する届出書

　体制加算などの状況を記載します。介護職員処遇改善加算を算定す
る場合には、介護職員処遇改善加算算定に係る体制等に関する届出書
も必要です。この他の必要書類としては、管理者などの経歴書、利用
者からの苦情を処理するために講ずる措置の概要、協力医療機関との
契約内容、などがあります。

■ 書式作成上の注意点

　申請書式の作成にあたっては以下の点に留意します。

書式7　指定申請書

　訪問入浴介護と介護予防訪問入浴介護について同時に指定申請を行
う場合は、申請書左上の「指定居宅サービス事業所」「指定介護予防
サービス事業所」の2か所を○で囲みます。さらに、申請書下部の訪
問入浴介護と介護予防訪問入浴介護の「指定（許可）申請　対象事業
等」欄に○を記載し、右の「指定（許可）申請をする事業等の開始予
定年月日」欄に事業開始予定年月日を記載します。

書式8　指定に係る記載事項

　「従業者」欄に記載する従業員の人数は、看護職員1名以上、介護
職員2名（介護予防訪問入浴介護事業者の場合は1名）以上とします。
そのうちの1名以上は常勤とします。

第1号様式(第3関係)

(指定居宅サービス事業所)
(指定介護予防サービス事業所)
介護保険施設

指定(許可)申請書

2023 年 3 月 1 日

東京都 知事　殿

(名称)　東京都渋谷区○○町○─○
申請者　　　　　株式会社○○○○
(代表者の職名・氏名)　代表取締役　甲野　乙男　(代表者印)

介護保険法に規定する事業所(施設)に係る指定(許可)を受けたいので、下記のとおり、関係書類を添えて申請します。

	フリガナ	カブシキガイシャ○○○○				
申請者	名称	株式会社○○○○				
	主たる事務所の所在地	(郵便番号 ○○○-○○○○) 東京 (都)道府県 渋谷 (区)郡市 ○○町○-○				
	連絡先	電話番号　03-○○○○-○○○○	FAX番号　03-○○○○-○○○○			
		Email　○○○○@○○.co.jp				
	代表者の職名・氏名・生年月日	職名　代表取締役	フリガナ コウノ　オツオ 氏名　甲野　乙男		生年月日	○○○○年 ○○月○○日
	代表者の住所	(郵便番号 ○○○-○○○○) 東京 (都)道府県 大田 (区)郡市 ○○町○-○				

		同一所在地において行う事業等の種類	指定(許可)申請対象事業等(該当事業に○)	既に指定(許可)を受けている事業等(該当事業に○)	指定(許可)申請をする事業等の開始予定年月日	様式
指定(許可)を受けようとする事業所・施設の種類	指定居宅サービス	訪問介護				付表1
		訪問入浴介護	○		2023年5月1日	付表2
		訪問看護				付表3
		訪問リハビリテーション				付表4
		居宅療養管理指導				付表5
		通所介護				付表6
		通所リハビリテーション				付表7
		短期入所生活介護				付表8
		短期入所療養介護				付表9
		特定施設入居者生活介護				付表10
		福祉用具貸与				付表11
		特定福祉用具販売				付表12
	施設	介護老人福祉施設				付表13
		介護老人保健施設				付表14
		介護医療院				付表15
	指定介護予防サービス	介護予防訪問入浴介護	○		2023年5月1日	付表2
		介護予防訪問看護				付表3
		介護予防訪問リハビリテーション				付表4
		介護予防居宅療養管理指導				付表5
		介護予防通所リハビリテーション				付表7
		介護予防短期入所生活介護				付表8
		介護予防短期入所療養介護				付表9
		介護予防特定施設入居者生活介護				付表10
		介護予防福祉用具貸与				付表11
		特定介護予防福祉用具販売				付表12
介護保険事業所番号				(既に指定又は許可を受けている場合)		
医療機関コード等				(保険医療機関として指定を受けている場合)		

＊　裏面に記載に関しての備考があります。

(日本産業規格A列4番)

書式8　指定に係る記載事項

付表2 訪問入浴・介護予防訪問入浴介護事業所の指定に係る記載事項

<table>
<tr><td rowspan="4">事業所</td><td>フリガナ</td><td colspan="4">○○ホウモンニュウヨクカイゴジギョウショ</td></tr>
<tr><td>名　称</td><td colspan="4">○○訪問入浴介護事業所</td></tr>
<tr><td>所在地</td><td colspan="4">（郵便番号　○○○ － ○○○○）
東京 都　　新宿 ㊣区 市
　　　　　　　　　　町 村　○○町○－○</td></tr>
<tr><td>連絡先</td><td colspan="2">電話番号　03－○○○○－○○○○
Email　○○○○@○○.co.jp</td><td>FAX番号</td><td>03－○○○○－○○○○</td></tr>
<tr><td rowspan="6">管理者</td><td>フリガナ</td><td>ヘイヤマ　イチロウ</td><td rowspan="3">住所</td><td colspan="2" rowspan="3">（郵便番号　○○○ － ○○○○）
東京都新宿区○○町○－○</td></tr>
<tr><td>氏　名</td><td>丙山　一郎</td></tr>
<tr><td>生年月日</td><td>昭和○○年○○月○○日</td></tr>
<tr><td colspan="2">当該訪問入浴介護事業所で兼務する他の職種
（兼務の場合のみ記入）</td><td colspan="3">看護職員</td></tr>
<tr><td rowspan="2">同一敷地内の他の事業所又は施設の
従業者との兼務（兼務の場合記入）</td><td>名称</td><td colspan="3"></td></tr>
<tr><td>兼務する職種
及び勤務時間等</td><td colspan="3"></td></tr>
<tr><td rowspan="3">協力医療機関</td><td>名称</td><td colspan="2">○○病院</td><td>主な診療科名</td><td>内科</td></tr>
<tr><td>名称</td><td colspan="2"></td><td>主な診療科名</td><td>外科</td></tr>
<tr><td>名称</td><td colspan="2"></td><td>主な診療科名</td><td></td></tr>
</table>

○人員に関する基準の確認に必要な事項

従業者の職種・員数		看護職員	介護職員
常　勤（人）		2	3
非常勤（人）		2	2
利用者の推定数（人）	○○		
添付書類	別添のとおり		

備考　記入欄が不足する場合は、適宜欄を設けて記載するか又は別様に記載した書類を添付してください。

（日本産業規格A列4番）

196

7 訪問看護サービスを提供するための基準と申請手続き

看護師、保健師、准看護師が常勤換算で2.5名以上必要である

■ 事業者としての指定を受けるための認定基準

訪問看護事業所（訪問看護ステーション）の指定基準には、次のようなものがあります。

① 保健師、看護師、准看護師を常勤換算で2.5名以上配置すること
② 理学療法士、作業療法士、言語聴覚士を実情に応じた人数配置すること
③ 常勤の管理者を配置すること（保健師、看護師の有資格者）
④ 事業運営に必要な広さを有する専用の事務室を設置すること
⑤ サービス提供に必要な設備、備品（手指洗浄場所など）を設置すること
⑥ 療養上の目標やサービス内容が記載された計画書を作成すること
⑦ 訪問看護計画に従い、医師の指示の下、サービスを提供すること
⑧ 主治医への緊急連絡体制を整備すること

■ どんな書類を提出するのか

申請にあたって提出する書類は、申請先の自治体によって異なりますが、おおむね次のようなものが必要とされています。

① 指定申請書と指定に係る記載事項
② 申請者の法人登記事項証明書、定款など

病院や診療時で実施する場合は、病院（診療所）の使用許可書を添付します。

③ 従業者の勤務体制及び勤務形態一覧表

就業規則、組織図、資格証、雇用契約書の写しを合わせて添付します。

④　事業所の平面図（事業所内外の写真も添付します）

⑤　欠格事項に該当しない旨の誓約書

⑥　介護給付費算定に係る体制等に関する届出書

　体制加算などの状況を記載します。

　この他の必要書類としては、管理者の資格者証、運営規程、利用者からの苦情処理の概要、衛生管理上の処置、などがあります。

■ 書式作成上の注意点

　印鑑は、法務局に登録済の代表者印を使用します。申請書右上の日付は、提出日を記載します。法人の種別は、営利法人（株式会社）、社会福祉法人、医療法人などの法人の種類を記載します。

　法人の名称、所在地、代表者の氏名、代表者の職名、住所については、登記事項証明書に記載されているとおり一字一句正確に記載します。事業所の名称と法人の名称は、異なっていてもかまいません。

　申請書、記載事項と組織体制図、管理者経歴書、勤務体制表などの添付書類の記載が食い違わないようにします。

　その他作成上注意すべき点がありますので、詳しくは、各自治体の担当窓口で確認する必要があります。

書式9　指定申請書

　訪問看護事業所と介護予防訪問看護の指定申請を行う場合は、申請書左上の「指定居宅サービス事業所」「指定介護予防サービス事業所」の２か所を○で囲みます。さらに、申請書下部の訪問看護の「指定（許可）申請　対象事業等」欄に○を記載し、右の「指定（許可）申請をする事業等の開始予定年月日」欄には事業開始予定日を記載します。

書式10　指定に係る記載事項

　看護師、保健師、准看護師の人数は、常勤換算で2.5名以上になるようにします。事業所種別の欄には、訪問看護ステーション・保険医療機関の別を記入します。

書式9　指定申請書

第1号様式(第3関係)

(指定居宅サービス事業所)
(指定介護予防サービス事業所)
介護保険施設

指定(許可)申請書

2023 年 3 月 1 日

東京都 知事 殿

(名称)　東京都渋谷区○○町一─○
申請者　　　　　株式会社○○○○
(代表者の職名・氏名) 代表取締役 甲野 乙男 ㊞(代表者印)

介護保険法に規定する事業所(施設)に係る指定(許可)を受けたいので、下記のとおり、関係書類を添えて申請します。

<table>
<tr><td rowspan="6">申請者</td><td>フリガナ</td><td colspan="2">カブシキガイシャ○○○○</td></tr>
<tr><td>名称</td><td colspan="2">株式会社○○○○</td></tr>
<tr><td rowspan="2">主たる事務所の所在地</td><td colspan="2">(郵便番号 ○○○-○○○○)</td></tr>
<tr><td colspan="2">東京 ⑳道府県 渋谷 郡⑳市 ○○町○-○</td></tr>
<tr><td>連絡先</td><td>電話番号 03-○○○○-○○○○</td><td>FAX番号 03-○○○○-○○○○</td></tr>
<tr><td></td><td colspan="2">Email ○○○○@○○.co.jp</td></tr>
</table>

<table>
<tr><td>代表者の職名・氏名・生年月日</td><td>職名 代表取締役</td><td>フリガナ
氏名</td><td>コウノ オツオ
甲野 乙男</td><td>生年
月日</td><td>○○○○年
○○月○○日</td></tr>
<tr><td>代表者の住所</td><td colspan="5">(郵便番号 ○○○-○○○○)
東京 ⑳道府県 大田 郡⑳市 ○○町○-○</td></tr>
</table>

		同一所在地において行う事業等の種類	指定(許可)申請対象事業等(該当事業に○)	既に指定(許可)を受けている事業等(該当事業に○)	指定(許可)申請をする事業等の開始予定年月日	様式
指定(許可)を受けようとする事業所・施設の種類	指定居宅サービス	訪問介護				付表1
		訪問入浴介護				付表2
		訪問看護	○		2023年5月1日	付表3
		訪問リハビリテーション				付表4
		居宅療養管理指導				付表5
		通所介護				付表6
		通所リハビリテーション				付表7
		短期入所生活介護				付表8
		短期入所療養介護				付表9
		特定施設入居者生活介護				付表10
		福祉用具貸与				付表11
		特定福祉用具販売				付表12
	施設	介護老人福祉施設				付表13
		介護老人保健施設				付表14
		介護医療院				付表15
	指定介護予防サービス	介護予防訪問入浴介護				付表2
		介護予防訪問看護	○		2023年5月1日	付表3
		介護予防訪問リハビリテーション				付表4
		介護予防居宅療養管理指導				付表5
		介護予防通所リハビリテーション				付表7
		介護予防短期入所生活介護				付表8
		介護予防短期入所療養介護				付表9
		介護予防特定施設入居者生活介護				付表10
		介護予防福祉用具貸与				付表11
		特定介護予防福祉用具販売				付表12

介護保険事業所番号										(既に指定又は許可を受けている場合)
医療機関コード等										(保険医療機関として指定を受けている場合)

※ 裏面に記載に関しての備考があります。

(日本産業規格A列4番)

書式10　指定に係る記載事項

付表3 訪問看護・介護予防訪問看護事業所の指定に係る記載事項

<table>
<tr><td rowspan="4">事業所</td><td>フリガナ</td><td colspan="4">ホウモンカンゴジギョウショ○○○○</td></tr>
<tr><td>名　称</td><td colspan="4">訪問看護事業所○○○○</td></tr>
<tr><td>所在地</td><td colspan="4">（郵便番号 ○○○ － ○○○○）
東京 都
新宿 ⊠区 市 ○○町○－○
町 村</td></tr>
<tr><td rowspan="2">連絡先</td><td>電話番号</td><td>03－○○○○－○○○○</td><td>FAX番号</td><td>03－○○○○－○○○○</td></tr>
<tr><td colspan="5">Email ○○○○@○○.co.jp</td></tr>
</table>

<table>
<tr><td colspan="2">事業所種別</td><td colspan="4">訪問看護ステーション</td></tr>
</table>

<table>
<tr><td rowspan="6">管理者</td><td>フリガナ</td><td>スズキ　ハナコ</td><td rowspan="2">住所</td><td>（郵便番号 ○○○ － ○○○○ ）</td></tr>
<tr><td>氏　名</td><td>鈴木　花子</td><td rowspan="2">東京都北区○○町○－○</td></tr>
<tr><td>生年月日</td><td>昭和○○年○○月○○日</td></tr>
<tr><td colspan="3">当該訪問看護事業所で兼務する他の職種
（兼務の場合のみ記入）</td></tr>
<tr><td colspan="3">同一敷地内の他の事業所又は施設の
従業者との兼務
（兼務の場合記入）</td><td>名称</td></tr>
<tr><td colspan="3">　</td><td>兼務する職種
及び勤務時間等</td></tr>
</table>

<table>
<tr><td colspan="2">利用者の推定数</td><td colspan="2">○ 人</td></tr>
</table>

○人員に関する基準の確認に必要な事項

従業者の職種・員数	看護師		保健師		准看護師		理学・作業療法士言語聴覚士	
	専従	兼務	専従	兼務	専従	兼務	専従	兼務
常　勤（人）	2	1	2					
非常勤（人）					1	1		
※常勤換算後の人数（人）	2.8							

<table>
<tr><td>添付書類</td><td>別添のとおり</td></tr>
</table>

（訪問看護・介護予防訪問看護事業を事業所所在地以外の場所で一部実施する場合）

<table>
<tr><td rowspan="4">事業所</td><td>フリガナ</td><td colspan="3"></td></tr>
<tr><td>名　称</td><td colspan="3"></td></tr>
<tr><td>所在地</td><td colspan="3">（郵便番号 　 － 　）
東京 都 　 区 市
町 村</td></tr>
<tr><td rowspan="2">連絡先</td><td>電話番号</td><td></td><td>FAX番号</td></tr>
<tr><td colspan="3">Email</td></tr>
</table>

備考　1　記入欄が不足する場合は、適宜欄を設けて記載するか又は別様に記載した書類を添付してください。
　　　2　※欄は、訪問看護ステーションの場合のみ記入してください。
　　　3　保険医療機関又は特定承認保険医療機関である病院又は診療所が行うものについては、法第71条第1項の規定により指定があったものとみなされるので、本申請の必要はありません。
　　　4　当該事業を事業所所在地以外の場所（いわゆる出張所）で一部実施する場合、下段の表に所在地等を記載してください。また、従業者については、上段の表に出張所に勤務する職員も含めて記載してください。

（日本産業規格A列4番）

8 通所介護事業者になるための基準と申請手続き

訪問介護よりも、人員基準や設備基準が少し厳しい

■ 事業者としての指定を受けるための認定基準

　要介護者の通所介護は、定員により19名以上は都道府県へ、19名未満は地域密着型として市町村へ、要支援者の通所介護は、総合事業として市町村へそれぞれ申請を行います。それぞれで指定基準が少し異なるため注意が必要です。通所介護事業所として省令で定められた基準は下記のとおりです。

【人員基準】

　サービス提供者、管理者の人員配置などについて基準があります。

① サービス提供者についての基準

　原則として、生活相談員、看護職員、介護職員、機能訓練指導員の4職種を1名以上配置する必要があります。また、生活相談員または介護職員のうち、どちらか1名は常勤である必要があります。

ⓐ 生活相談員についての基準

　専従の生活相談員を1名以上配置します。生活相談員になる資格があるのは、社会福祉士、社会福祉主事、精神保健福祉士、勤続1年以上ある介護福祉士などです。生活相談員の資格をどこまで認めるかは、各自治体によって取扱が異なるので、問い合わせておく必要があります。

ⓑ 看護職員についての基準

　定員が11名以上の事業所については、専従の看護職員を1名以上配置します。ただし、病院、訪問看護ステーションなどとの連携により、病院などの看護職員が、サービスの提供時間帯を通じて密接かつ適切な連携を図っている場合には、その通所介護事業所に看護職員が配置されているものとされます。看護職員とは、看護師と准看護師です。

ⓒ　介護職員についての基準

　専従の介護職員を１名以上配置します。ただし、利用者数が15人を超える場合、５人または端数の人数が増えるごとに介護職員を１名追加する必要があります。介護職員には資格要件はありません。

ⓓ　機能訓練指導員についての基準

　機能訓練指導員が１名以上必要です。機能訓練指導員になる資格を有する人は、理学療法士、作業療法士、看護・准看護師などです。なお、日常生活や行事を通じて行う機能訓練については、生活相談員または介護職員が兼務することも可能です。

②　管理者についての基準

　専従かつ常勤の管理者を１名以上置く必要があります。資格要件は特にありません。常勤の生活相談員、介護職員、看護職員、機能訓練指導員との兼務も可能です。

【設備基準】

　食堂、機能訓練室、相談室、静養室、事務室、その他必要な設備、備品を備える必要があります。

　食堂と機能訓練室は、兼用が可能です。兼用の場合、食堂及び機能訓練室として、定員１名あたり、３㎡以上の大きさが必要です。食堂及び機能訓練室は、家庭でいえば、居間兼食堂というイメージです。

　相談室は、会話内容が外部に漏れないように遮へい措置を施す必要があります。

　施設を設置する際には、建築基準法、消防法、農地法、都市計画法などに触れないようにすることが必要です。

【運営基準】

　次のような項目につき運営基準が設けられています。

・サービスの基本的な取扱方針、具体的な取扱方針

・運営規程に定めるべき事項

・災害、事故発生時、利用者の緊急時の対応

・苦情処理

・居宅介護支援事業者への利益供与の禁止

・サービス内容や手続きの利用者への説明および同意の取得

・通所介護計画の作成

　通所介護計画は、居宅サービス計画に沿って作成されなければなりません。作成時には、利用者の状況把握とその分析を行い、解決すべき問題に対して、援助の方向性や目標を明確化する必要があります。

■ どんな書類を提出するのか

　申請にあたって提出する書類は、申請先の自治体によって異なりますが、おおむね次のようなものが必要とされています。

① **指定申請書と指定に係る記載事項**

② **申請者の法人登記事項証明書、定款など**

③ **従業者の勤務体制及び勤務形態一覧表**

　従業者数や雇用形態、職種、勤務体制などを記載します。就業規則、組織体制図、資格証、雇用契約書の写しを添付します。

④ **事業所の平面図、建築図面**

　事業所内外の写真や建物の登記簿、賃貸借契約書、関係法令確認書を添付します。

⑤ **欠格事項に該当しない旨の誓約書**

　５年以内に介護保険サービスに関して不正または著しく不適当な行為をしていない、などの欠格事項に該当していないことを誓約する書類です。

⑥ **介護給付費算定に係る体制等に関する届出書**

　体制加算などの状況を記載します。介護職員処遇改善加算を算定する場合には、介護職員処遇改善加算に関する届出書も必要です。

⑦ **老人デイサービスセンター等設置届**

　この他の必要書類としては、管理者などの経歴書、運営規程、利用

者からの苦情を処理するために講ずる措置の概要、事業計画書や収支予算書などの資産の状況などがあります。

■ 書式作成上の注意点

申請書式の作成にあたっては以下の点に留意してください。

・書式作成の一般的注意事項

181ページを参照してください。

書式11　指定申請書

通所介護事業所の指定申請を行う場合は、申請書左上の「指定居宅サービス事業所」の箇所を○で囲みます。さらに、申請書下部の通所介護の「指定（許可）申請　対象事業等」欄に○を記載し、右の「指定（許可）申請をする事業等の開始予定年月日」欄には指定予定年月日を記載します。

書式12　指定に係る記載事項

従業者は、人員基準（201ページ参照）をクリアする人数を記載します。設備については、「食堂及び機能訓練室の合計面積」には、定員1人あたり3㎡以上の広さを記載します。また、営業時間、利用定員（単位ごとの定員も記載）、単位ごとのサービス提供時間を記載します。

書式13　老人デイサービスセンター等設置届

通所介護サービスは、老人福祉法の老人デイサービス事業に該当するため、老人福祉法の老人デイサービスセンター等設置届及び老人居宅生活支援事業開始届の届出が必要です。老人デイサービスセンター等設置届には、施設の名称、種類及び所在地、建物の規模及び構造並びに設備の概要、事業を行おうとする区域、事業開始の予定年月日を記載します。それ以外については、記載や添付書類は不要です（東京都の場合）。

書式11　指定申請書

第1号様式(第3関係)

指定居宅サービス事業所
指定介護予防サービス事業所
介護保険施設

指定(許可)申請書

2023 年 3 月 1 日

東京都 知事　殿

申請者　(名称)　東京都渋谷区○○町○─○
　　　　　　　　株式会社○○○○
　　　　(代表者の職名・氏名) 代表取締役 甲野 乙男　㊞代表者印

介護保険法に規定する事業所(施設)に係る指定(許可)を受けたいので、下記のとおり、
関係書類を添えて申請します。

申請者	フリガナ	カブシキガイシャ○○○○			
	名称	株式会社○○○○			
	主たる事務所の所在地	(郵便番号 ○○○ - ○○○○) 東京 ㊞道府県 渋谷 郡市区 ○○町○─○			
	連絡先	電話番号　03-○○○○-○○○○　FAX番号 03-○○○○-○○○○ Email　○○○○@○○.co.jp			
	代表者の職名・氏名・生年月日	職名 代表取締役　フリガナ コウノ オツオ　生年月日 ○○○○年○○月○○日 氏名 甲野 乙男			
	代表者の住所	(郵便番号 ○○○ - ○○○○) 東京 ㊞道府県 大田 郡市区 ○○町○─○			

指定(許可)を受けようとする事業所・施設の種類		同一所在地において行う事業等の種類	指定(許可)申請対象事業等(該当事業に○)	既に指定(許可)を受けている事業等(該当事業に○)	指定(許可)申請をする事業等の開始予定年月日	様式
	指定居宅サービス	訪問介護				付表1
		訪問入浴介護				付表2
		訪問看護				付表3
		訪問リハビリテーション				付表4
		居宅療養管理指導				付表5
		通所介護	○		2023年5月1日	付表6
		通所リハビリテーション				付表7
		短期入所生活介護				付表8
		短期入所療養介護				付表9
		特定施設入居者生活介護				付表10
		福祉用具貸与				付表11
		特定福祉用具販売				付表12
	施設	介護老人福祉施設				付表13
		介護老人保健施設				付表14
		介護医療院				付表15
	指定介護予防サービス	介護予防訪問入浴介護				付表2
		介護予防訪問看護				付表3
		介護予防訪問リハビリテーション				付表4
		介護予防居宅療養管理指導				付表5
		介護予防通所リハビリテーション				付表7
		介護予防短期入所生活介護				付表8
		介護予防短期入所療養介護				付表9
		介護予防特定施設入居者生活介護				付表10
		介護予防福祉用具貸与				付表11
		特定介護予防福祉用具販売				付表12

介護保険事業所番号		(既に指定又は許可を受けている場合)
医療機関コード等		(保険医療機関として指定を受けている場合)

＊ 裏面に記載に関しての備考があります。

(日本産業規格A列4番)

付表6 通所介護事業所の指定に係る記載事項

<table>
<tr><td rowspan="4">事業所</td><td>フリガナ</td><td colspan="3">○○デイサービス</td></tr>
<tr><td>名　称</td><td colspan="3">○○デイサービス</td></tr>
<tr><td>所在地</td><td colspan="3">（郵便番号 ○○○ - ○○○○ ）
東京 都 新宿 ⊠区 市 町 村 ○○町○ー○</td></tr>
<tr><td>連絡先</td><td colspan="3">電話番号　03ー○○○○ー○○○○　　FAX番号　03ー○○○○ー○○○○
Email</td></tr>
<tr><td rowspan="6">管理者</td><td>フリガナ</td><td>ヘイヤマ イチロウ</td><td rowspan="3">住所</td><td>（郵便番号 ○○○ - ○○○○ ）</td></tr>
<tr><td>氏　名</td><td>丙山 一郎</td><td rowspan="2">東京都新宿区○○町○ー○</td></tr>
<tr><td>生年月日</td><td>昭和○○年○○月○○日</td></tr>
<tr><td colspan="3">当該通所介護事業所で兼務する他の職種
（兼務の場合のみ記入）</td></tr>
<tr><td rowspan="2">同一敷地内の他の事業所又は
施設の従業者との兼務
（兼務の場合記入）</td><td>名称</td><td></td></tr>
<tr><td>兼務する職種
及び勤務時間等</td><td></td></tr>
</table>

○人員に関する基準の確認に必要な事項

従業者の職種・員数	生活相談員	看護職員	介護職員	機能訓練指導員
常　勤（人）	2		3	
非常勤（人）	2	2	2	2

○設備に関する基準の確認に必要な事項

食堂及び機能訓練室の合計面積	84　　㎡			
営業時間	9:00 ～ 17:00			
サービス提供時間	単位ごとのサービス提供時間（送迎時間を除く） ① 9:00～12:00 ② 13:00～17:00 ③　：　～　：			
利用定員	○○　人　単位ごとの定員　① ○○ 人 ② ○○ 人 ③　　　人			
添付書類	別添のとおり			

（通所介護事業を事業所所在地以外の場所で一部実施する場合）

<table>
<tr><td rowspan="4">事業所</td><td>フリガナ</td><td colspan="2"></td></tr>
<tr><td>名　称</td><td colspan="2"></td></tr>
<tr><td>所在地</td><td colspan="2">（郵便番号 　 - 　 ）
東京 都 　　　区 市 町 村</td></tr>
<tr><td>連絡先</td><td colspan="2">電話番号　　　　　　　　　　　　FAX番号
Email</td></tr>
</table>

○設備に関する基準の確認に必要な事項

食堂及び機能訓練室の合計面積	㎡		
営業時間	～		
サービス提供時間	単位ごとのサービス提供時間（送迎時間を除く） ①　：　～　：　②　：　～　：　③　：　～　：		
利用定員	人　単位ごとの定員　①　　　人 ②　　　人 ③　　　人		
添付書類	平面図		

備考　1　記入欄が不足する場合は、適宜欄を設けて記載するか又は別様に記載した書類を添付してください。
　　　2　機能訓練指導員については、生活相談員又は看護職員若しくは介護職員と兼務しない場合にのみ記載してください。
　　　3　当該事業を事業所所在地以外の場所（いわゆる出張所）で一部実施する場合、下段の表に所在地等を記載してください。また、従業者については、上段の表に出張所に勤務する職員も含めて記載してください。

（日本産業規格A列4番）

書式13　老人デイサービスセンター等設置届

第4号様式（第3条関係）

老人デイサービスセンター等設置届

2023 年 3 月 1 日

東京都知事　　　殿

区 市 町 村 又 は　　**株式会社○○○○**
法 人 等 の 名 称
事 務 所 の 所 在 地　**東京都渋谷区○○町○―○**
代 表 者 氏 名　　　**甲野　乙男** ⟨代表者印⟩

　　　　　　　　　（老人デイサービスセンター）
下記のとおり 老 人 短 期 入 所 施 設　を設置するので、老人福祉法
　　　　　　　　老 人 介 護 支 援 セ ン タ ー

第15条第2項及び老人福祉法施行規則第1条の14の規定により届け出ます。

記

1　施設の名称、種類及び所在地
　　　名　　称　　○○デイサービス
　　　種　　類　　老人デイサービスセンター（通所介護）
　　　所在地　　東京都新宿区○○町○―○
2　建物の規模及び構造並びに設備の概要
　　　地上○階　鉄筋コンクリート造りの○階部分　○○㎡（別添平面図のとおり）
3　職員の定数及び職務の内容
4　施設の長の氏名
5　事業を行おうとする区域（区市町村からの委託事業にあっては、当該区市町村
　の名称を含む。）　　新宿区、渋谷区
6　入所定員（老人短期入所施設に係るものに限る。）
7　事業開始の予定年月日　2023 年 5 月 1 日
8　添付書類
　　登記事項証明書（法人等の場合に限る。）

（日本産業規格A列4番）

備考：通所介護、短期入所生活介護については、それぞれ下記により届け出ていただきます。
（1）特養など他の目的を有する施設の設備を利用して行う場合は、「事業」の開始届
（2）専用施設において行う場合は「施設」の設置届

9

短期入所生活介護事業者になるための基準と申請手続き

介護度の高い人向けの宿泊サービスであるため、指定基準が厳しい

■ 事業者としての指定を受けるための認定基準

　短期入所生活介護（ショートステイ）には、施設の種類として、併設型、単独型があり、部屋のタイプには、従来型（主に多床室）とユニット型（個室と共有スペース）があり、それぞれ指定基準が異なります。ここでは、単独・従来型のショートステイの指定基準を説明します。ショートステイ事業者の指定を受けるには、人員基準、設備基準、運営基準をクリアする必要があります。なお、介護予防短期入所生活介護と短期入所生活介護の指定基準は基本的に同じです。

【人員基準】

　サービス提供者、管理者の人員配置などについて基準があります。

① **サービス提供者についての基準**

　医師、生活相談員、介護職員または看護職員、栄養士、機能訓練指導員、調理員などを配置します。利用定員20人未満の併設事業所以外では、生活相談員、介護職員または看護職員のそれぞれ1名以上は常勤でなければいけません。

ⓐ **医師についての基準**

　1名以上の医師（非常勤でも可）を配置する必要があります。

ⓑ **生活相談員についての基準**

　常勤換算で利用者100人に対して1人以上、原則、常勤で配置しなければなりません。

ⓒ **介護職員または看護職員についての基準**

　「利用者」対「介護職員・看護職員」の比率が、常勤換算で3対1以上でなければなりません。また、常時1名以上の介護職員または看

護職員を介護に従事させなければなりません。

ⓓ **栄養士についての基準**

栄養士を 1 名以上配置する必要があります。ただし、利用定員が40人を超えない場合で一定の基準を満たした場合、配置を省略できることができます。

ⓔ **機能訓練指導員についての基準**

機能訓練指導員を 1 名以上配置する必要があります。理学療法士、作業療法士などを配置します。他の職と兼務可能です。

ⓕ **調理員その他の従業員についての基準**

実情に応じた適当数を配置します。

② **管理者についての基準**

常勤の管理者を置く必要があります。専従が原則ですが、管理上支障がない場合、他の職との兼務も可能です。

【設備基準】

施設は、原則として、建築基準法の耐火建築物または準耐火建築物の確認を受けている必要があります。施設内には、居室、食堂、機能訓練室、浴室、便所、洗面所、医務室、静養室、面接室、介護職員室、看護職員室、調理室、洗濯室または洗濯場、汚物処理室、介護材料室、その他必要な設備を設置しなければなりません。設備については、次のような細かい基準があります。

① 居室は、定員を 4 名以下とし、床面積は利用者 1 名あたり10.65㎡以上とする。居室は、日照、受光、換気、防災なども十分配慮する。

② 食堂及び機能訓練室（兼用可）は、合計面積が利用者 1 名あたり、3 ㎡以上とする。

③ 浴室、便所、洗面所は、体の不自由な人の使用に適したものとする。

④ 廊下の幅は、片廊下が1.8m以上、中廊下が2.7m以上とする。

⑤ 廊下、便所など必要な場所に、常夜灯を設置する。

⑥ 居室などが 2 階以上にある場合は、傾斜路を設置するか、エレ

ベーターを設置する。また、階段の傾斜は緩やかにする。

【運営基準】

運営基準には、サービスの基本的な取扱方針、短期入所生活介護計画の作成、定員の遵守、介護、食事、健康管理などの項目について、基準が定められています。

■ どんな書類を提出するのか

申請にあたって提出する書類は、申請先の自治体によって異なりますが、おおむね次のようなものが必要とされています。

① 指定申請書と指定に係る記載事項

申請を行う介護サービスによって様式が異なりますので、注意する必要があります。次ページの書式作成上の注意点に留意して記載します。

② 申請者の法人登記事項証明書、定款など

③ 特別養護老人ホームの許可証（特養に併設する場合）

④ 従業者の勤務体制及び勤務形態一覧表

従業者数や雇用形態、職種、勤務体制などを記載します。就業規則、組織体制図、有資格者の資格証、雇用契約書の写しなどを添付します。

⑤ 事業所の平面図

居室、食堂、相談室などの用途や面積、配置を記載します。事業所内外の写真や建物の登記簿などの添付も求められます。

⑥ 欠格事項に該当しない旨の誓約書

⑦ 介護給付費算定に係る体制等に関する届出書

体制加算などの状況を記載します。介護職員処遇改善加算を算定する場合には、介護職員処遇改善加算に関する届出書も必要です。

⑧ 老人デイサービスセンター等設置届

この他の必要書類としては、管理者などの経歴書、運営規程、利用者からの苦情を処理するために講ずる措置の概要、協力医療機関との契約内容、事業計画書や収支予算書などの資産の状況、などがあります。

■ 書式作成上の注意点

申請書式の作成にあたっては以下の点に留意してください。

・書式作成の一般的注意事項

印鑑は、法務局に登録済の代表者印を使用します。申請書右上の日付は、提出日を記載します。法人の名称、所在地、代表者の氏名、代表者の職名、住所については、登記事項証明書に記載されているとおり一字一句正確に記載します。事業所の名称と法人の名称は、異なっていてもかまいません。

書式14　指定申請書

ショートステイ事業者の指定を希望する場合は、申請書左上の「指定居宅サービス事業所」の箇所を○で囲みます。さらに、申請書下部の短期入所生活介護の「指定（許可）申請　対象事業等」欄に○を記載し、右の「指定（許可）申請をする事業等の開始予定年月日」欄には事業開始予定年月日を記載します。

書式15　指定に係る記載事項

従業者の員数や、居室の定員や廊下の幅などの設備は、人員基準（208ページ）、設備基準（209ページ）をクリアする必要があります。

書式16　老人デイサービスセンター等設置届

短期入所生活介護サービスは、老人福祉法の老人短期入所事業に該当するため、老人福祉法の老人デイサービスセンター等設置届及び老人居宅生活支援事業開始届の届出が必要です。老人デイサービスセンター等設置届には、1施設の名称、種類及び所在地、2建物の規模及び構造並びに設備の概要、5事業を行おうとする区域、7事業開始の予定年月日を記載します。それ以外については、記載や添付書類は不要です（東京都の場合）。

書式14　指定申請書

第1号様式(第3関係)

(指定居宅サービス事業所)
(指定介護予防サービス事業所)
介護保険施設

指定(許可)申請書

2023 年 3 月 1 日

東京都 知事　殿

（名称）　東京都渋谷区○○町○—○
申請者　　株式会社○○○○
（代表者の職名・氏名）代表取締役　甲野　乙男　㊞代表者印

介護保険法に規定する事業所(施設)に係る指定(許可)を受けたいので、下記のとおり、
関係書類を添えて申請します。

	フリガナ	カブシキガイシャ○○○○				
申請者	名称	株式会社○○○○				
	主たる事務所の所在地	(郵便番号 ○○○ - ○○○○)　東京 都道府県 渋谷 郡市区 ○○町○—○				
	連絡先	電話番号 03-○○○○-○○○○　　FAX番号 03-○○○○-○○○○　Email ○○○○@○○.co.jp				
	代表者の職名・氏名・生年月日	職名 代表取締役　フリガナ コウノ オツオ 氏名 甲野 乙男　生年月日 ○○○○年○○月○○日				
	代表者の住所	(郵便番号 ○○○ - ○○○○)　東京 都道府県 大田 郡市区 ○○町○—○				

			同一所在地において行う事業等の種類	指定(許可)申請対象事業等(該当事業に○)	既に指定(許可)を受けている事業等(該当事業に○)	指定(許可)申請をする事業等の開始予定年月日	様式
指定(許可)を受けようとする事業所・施設の種類	指定居宅サービス		訪問介護				付表1
			訪問入浴介護				付表2
			訪問看護				付表3
			訪問リハビリテーション				付表4
			居宅療養管理指導				付表5
			通所介護				付表6
			通所リハビリテーション				付表7
			短期入所生活介護	○		2023年5月1日	付表8
			短期入所療養介護				付表9
			特定施設入居者生活介護				付表10
			福祉用具貸与				付表11
			特定福祉用具販売				付表12
	施設		介護老人福祉施設				付表13
			介護老人保健施設				付表14
			介護医療院				付表15
	指定介護予防サービス		介護予防訪問入浴介護				付表2
			介護予防訪問看護				付表3
			介護予防訪問リハビリテーション				付表4
			介護予防居宅療養管理指導				付表5
			介護予防通所リハビリテーション				付表7
			介護予防短期入所生活介護	○		2023年5月1日	付表8
			介護予防短期入所療養介護				付表9
			介護予防特定施設入居者生活介護				付表10
			介護予防福祉用具貸与				付表11
			特定介護予防福祉用具販売				付表12
介護保険事業所番号					(既に指定又は許可を受けている場合)		
医療機関コード等					(保険医療機関として指定を受けている場合)		

＊　裏面に記載に関しての備考があります。

(日本産業規格A列4番)

書式15　指定に係る記載事項

付表8-1　短期入所生活介護・介護予防短期入所生活介護事業所の指定に係る記載事項（単独型）

<table>
<tr><td rowspan="4">事業所</td><td>フリガナ</td><td colspan="5">ショートステイ○○</td></tr>
<tr><td>名　称</td><td colspan="5">ショートステイ○○</td></tr>
<tr><td>所在地</td><td colspan="5">（郵便番号　○○○－○○○○）
東京都　新宿　⑤市町村　○○町○－○</td></tr>
<tr><td>連絡先</td><td colspan="2">電話番号　03－○○○○－○○○○</td><td>FAX番号</td><td colspan="2">03－○○○○－○○○○</td></tr>
</table>

	Email	○○○○@○○.co.jp	

<table>
<tr><td rowspan="7">管理者</td><td>フリガナ</td><td>ヘイヤマ　イチロウ</td><td rowspan="3">住所</td><td>（郵便番号　○○○－○○○○）</td></tr>
<tr><td>氏　名</td><td>丙山　一郎</td><td rowspan="2">東京都新宿区○○町○－○</td></tr>
<tr><td>生年月日</td><td>昭和○○年○○月○○日</td></tr>
<tr><td colspan="4">当該事業所で兼務する他の職種（兼務の場合記入）</td></tr>
<tr><td rowspan="3">同一敷地内の他の事業所又は施設の従業者との兼務（兼務の場合記入）</td><td colspan="3">名称</td></tr>
<tr><td colspan="3">兼務する職種</td></tr>
<tr><td colspan="3">及び勤務時間等</td></tr>
</table>

協力医療機関	名称	○○病院	主な診療科名	内科
	名称		主な診療科名	外科
	名称		主な診療科名	泌尿器科
	名称		主な診療科名	

○人員に関する基準の確認に必要な事項

従業者の職種・員数	医師		生活相談員		看護職員		介護職員	
	専従	兼務	専従	兼務	専従	兼務	専従	兼務
常　勤（人）			2		1		15	
非常勤（人）	2						3	
常勤換算後の人数（人）			2		1		16.5	

	栄養士		機能訓練指導員		栄養士を配置していない場合の措置	
	専従	兼務	専従	兼務		
常　勤（人）				1		
非常勤（人）						

○設備に関する基準の確認に必要な事項

居室	1室あたりの最大定員	1　人
	利用者1人あたりの最小床面積	10.70　㎡
	食堂と機能訓練室の合計面積	100　㎡
廊下	片廊下の幅	2　m
	中廊下の幅	3　m
	建物の構造	鉄筋コンクリート地上2階
	利用定員	30　人
	添付書類	別添のとおり

備考　記入欄が不足する場合は、適宜欄を設けて記載するか又は別様に記載した書類を添付してください。

（日本産業規格A列4番）

第4号様式（第3条関係）

老人デイサービスセンター等設置届

2023 年 3 月　1日

東京都知事　　殿

区 市 町 村 又 は 　株式会社○○○○
法 人 等 の 名 称
事 務 所 の 所 在 地 　東京都渋谷区○○町○ー○
代 表 者 氏 名

甲野　乙男

　　　　　　　　老 人 デ イ サ ー ビ ス セ ン タ ー
　下記のとおり　老 人 短 期 入 所 施 設　　を設置するので、老人福祉法
　　　　　　　　老 人 介 護 支 援 セ ン タ ー

第15条第2項及び老人福祉法施行規則第1条の14の規定により届け出ます。

記

1　施設の名称、種類及び所在地　　ショートステイ○○（短期入所生活介護）
　　　　　　　　　　　　　　　　東京都新宿区○○町○ー○
2　建物の規模及び構造並びに設備の概要　　別添平面図のとおり
3　職員の定数及び職務の内容
4　施設の長の氏名
5　事業を行おうとする区域（区市町村からの委託事業にあっては、当該区市町村の名称を含む。）　新宿区、渋谷区
6　入所定員（老人短期入所施設に係るものに限る。）
7　事業開始の予定年月日　2023年5月1日
8　添付書類
　　登記事項証明書（法人等の場合に限る。）

（日本産業規格A列4番）

備考：通所介護、短期入所生活介護については、それぞれ下記により届け出ていただきます。
（1）特養など他の目的を有する施設の設備を利用して行う場合は、「事業」の開始届
（2）専用施設において行う場合は「施設」の設置届

10

特定施設入居者生活介護事業者になるための基準と申請手続き

有料老人ホームの届出も必要

■ 老人福祉法の届出が必要

　有料老人ホームには「健康型」「住宅型」「介護付」の３類型がありますが、有料老人ホームを開設するためには、都道府県に対して老人福祉法に基づく届出をしなければなりません。

　その上で、有料老人ホームで介護サービスを提供する介護付有料老人ホームとして運営したい場合、介護保険法の特定施設入居者生活介護の指定を受けることが必要です。特定施設入居者生活介護（169ページ）とは、有料老人ホームなどの特定施設に入居している要介護者について、介護サービス計画に基づき行われる入浴、排せつ、食事などの介護その他の日常生活上の世話や、機能訓練・療養上の世話のことです。有料老人ホームは必ずしも介護が必要な人だけが入る施設とは限りませんが、「介護付」の形態で運営したい場合には、老人福祉法に基づく届出と介護保険法に基づく申請が共に必要ということになります。

■ 事前の協議が大切

　有料老人ホームの設置に関する手続きは法令などを基に各都道府県で具体的に定められていますので、担当課の窓口への問い合わせやホームページの閲覧により手続きの流れを確認しておくのがよいでしょう。東京都では217ページの図に記載した流れに沿って手続きが進みます。実際の手続きでは、申請前の事前相談が重要です。

　個人の住宅を建てるのとは話が違いますので、まずは開業を予定する市町村へ相談に行き、立地上建物の建設などが可能であれば、都道府県の担当課に事前相談計画書類を提出することになります。事前相

談では、計画の具体性、提出された計画が都道府県の指針などに違反していないか、定員の集計方法に問題はないかなどが審査されます。事前相談計画書類に問題がなければ、建築確認申請をして、有料老人ホーム設置届を提出します。

　介護付有料老人ホームを運営する場合には、事業開始予定日の前々月まで（東京都の場合）に特定施設入居者生活介護の指定申請を行い、実地検査などで問題がなければ特定施設としての指定が行われます。

■ どのような基準を満たす必要があるのか

　有料老人ホームを設置するためには施設が一定の基準を満たしていることが必要です。以下、東京都の有料老人ホーム設置運営指導指針の主な基準を掲載します。

① 設置主体
・事業を確実に遂行できるような経営基盤が整っていると共に、社会的信用の得られる経営主体であること
・他業を営んでいる場合には、その財務内容が適正であること
・役員等の中には、有料老人ホーム運営について知識、経験を有する者等を参画させること　など

② 立地条件
・土地と建物については、有料老人ホーム事業以外の目的による抵当権などの権利がないことが登記簿謄本や必要に応じた現地調査などにより確認できること
・借地や借家の場合、有料老人ホーム事業のための借地（借家）であること、土地（建物）の所有者は有料老人ホーム事業の継続について協力することを契約上明記すること
・入居者が健康で安全な生活を維持できるように、交通の利便性、地域の環境、災害に対する安全性、医療機関などとの連携を考慮して立地をすること　など

③　規模及び構造設備

・建物は、建築基準法に規定する耐火建築物または準耐火建築物とし、かつ、建築基準法、消防法等に定める避難設備、消火設備、警報設備その他地震、火災、ガス漏れ等の防止や事故・災害に対応するための設備を十分設けること

・建物の配置や構造は、日照、採光、換気等入居者の保健衛生について十分考慮されたものであること　など

④　職員の配置

・職員の配置については、入居者の数や提供するサービス内容に応じ、施設長（管理者）、事務員、生活相談員、介護職員、看護職員（看護師または准看護師）、機能訓練指導員、栄養士、調理員を配置すること

・職員に対しては、採用時・採用後において定期的に研修を実施すること

・職員の心身の健康に留意し、職員の疾病の早期発見、健康状態の把

■ 東京都における介護付き有料老人ホームの設置の流れ …………

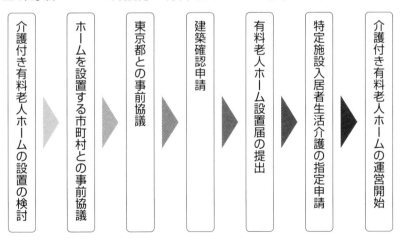

介護付き有料老人ホームの設置の検討　→　ホームを設置する市町村との事前協議　→　東京都との事前協議　→　建築確認申請　→　有料老人ホーム設置届の提出　→　特定施設入居者生活介護の指定申請　→　介護付き有料老人ホームの運営開始

握のために、採用時・採用後において定期的に健康診断を行うと共に、就業中の衛生管理について十分な点検を行うこと　など

⑤　施設の管理・運営

・入居者の定員、利用料、サービスの内容やその費用負担、介護を行う場合の基準、医療を要する場合の対応などを明示した管理規程等を設けること

・入居者やその身元引受人等の氏名、連絡先を明らかにした名簿、設備、職員、会計、入居者の状況を記載した記録を整備し、帳簿を作成し、2年間保存すること

・事故や急病・負傷に迅速かつ適切に対応できるよう具体的な計画を立てると共に、訓練を実施すること　など

⑥　サービス

・入居者に対して、契約内容に基づき、食事、相談助言、健康管理、治療への協力、介護、機能訓練、レクリエーション等に関し、入居者の自立を支援するという観点で、その心身の状況に応じた適切なサービスが提供されること

・介護サービスを提供する有料老人ホームにあっては、契約に定めるところにより、当該有料老人ホームまたはその提携有料老人ホームにおいて行うこと

・入居契約書において、有料老人ホームの類型、利用料等の費用負担の額及びこれによって提供されるサービス等の内容、入居開始可能日、身元引受人の権利・義務、契約当事者の追加、契約解除の要件やその場合の対応、前払金の返還金の有無、返還金の算定方式、その支払い時期等が明示されていること　など

■ どんな書類を提出するのか

　事前協議や有料老人ホームの設置届を提出する際には添付書類の提出が必要です。主な添付書類として以下のものがあります。

【事前協議の際に提出する主な書類】

　事前相談計画書（付表含む）、市場調査及び入居者募集計画、運営法人の登記事項証明書、決算報告書、平面図、設備概要、設備や人員の概要を記載する重要事項説明書　など

【有料老人ホームの設置届時に提出する主な書類】

　有料老人ホーム設置届、事前相談結果通知書、管理（運営）規程、職員配置計画書、土地・建物登記簿、事業収支計画、入居契約書　など

■ 介護事業者としての指定を受けるための認定基準

　特定施設入居者生活介護の事業者として指定を受けるには、省令で定められた人員基準、設備基準、運営基準をクリアしなければなりません。特定施設入居者生活介護には、介護サービスなどを外部委託する外部サービス利用型もありますが、ここでは外部サービスを利用しないタイプのものをとりあげます。

　なお、介護予防特定施設入居者生活介護と特定施設入居生活介護の指定基準は基本的には同じですが、若干異なる部分もあります。

【人員基準】

　サービス提供者、管理者の人員配置などについて基準があります。

①　サービス提供者

　生活相談員、介護職員・看護職員、機能訓練指導員、計画作成担当者を配置します。

ⓐ　生活相談員についての基準

　常勤で１名以上必要です。常勤換算で利用者100人につき１名以上置かなければなりません。

ⓑ　看護職員・介護職員についての基準

　利用者（要介護者）と看護・介護職員の比率が常勤換算で３対１以上でなければなりません。なお、要支援（介護予防）の利用者がいる場合は常勤換算で10対１以上（要支援者１名を要介護者0.3名と換算

して合計した利用者数をもとに3対1を満たすかどうか）の比率で判断します。また、看護職員、介護職員共に1名以上は常勤である必要があります。

看護職員は、利用者が30名以下であれば1名を配置し、31名以上であれば、50名ごとに1名を追加して配置しなければなりません。

介護職員は、常に1名以上配置する必要があります。

ⓒ **機能訓練指導員についての基準**

1名以上置く必要があります。他の職との兼務が可能です。

ⓓ **計画作成担当者についての基準**

1名以上設置します。利用者100名あたり1名の設置を標準とします。他の職との兼務が可能です。ケアマネジャーを配置します。

② **管理者についての基準**

常勤・専従の管理者を置く必要があります。ただし、支障がない場合には他の職との兼務が可能です。

【設備要件】

居室、一時介護室、機能訓練室、浴室、食堂、便所を設置します。施設内は、車椅子での移動可能な空間・構造でなければなりません。

居室は、個室で1名を定員とします。ただし、夫婦など利用者の処遇上必要な場合には、2名の入居も可能です。介護を行うのに適当な広さとし、プライバシーにも配慮します。居室は、地階に設けてはならず、空き地、廊下、広間に面した緊急避難用の出口を設けます。

一時介護室は、介護に適当な広さが必要です。ただし、すべての居室が介護専用居室であって利用者を移す必要がない場合は設置不要です。

浴室は、体の不自由な人に適したものでなければなりません。

便所は、居室のある階ごとに設置し、非常用設備を設けます。

食堂、機能訓練室は、機能を発揮するだけの適当な広さが必要です。

【運営基準】

次のような項目について運営基準が設けられています。

・特定施設入居者生活介護の取扱方針
・運営規程に定める事項
・職員の秘密保持
・法定代理受領サービスの利用についての利用者の同意
・サービス内容や手続きの説明、契約の締結など

■ どんな書類を提出するのか

申請にあたって提出する書類は、申請先の自治体によって異なりますが、おおむね次のようなものが必要とされています。

① **指定申請書と指定に係る記載事項**

事前相談結果通知書を添付します。

② **申請者の法人登記事項証明書、定款など**

③ **従業者の勤務体制及び勤務形態一覧表**

従業者数や雇用形態、職種、勤務体制などを記載します。就業規則、組織体制図、有資格者の資格証、雇用契約書の写しなどを添付します。

④ **事業所の平面図**

居室、食堂、浴室などの用途や面積、配置を記載します。事業所内外の写真や建物の登記簿などの添付も求められます。

⑤ **欠格事項に該当しない旨の誓約書**

⑥ **入居者と締結する契約書、重要事項説明書**

都道府県の指針に定められた項目を記載する必要があります。

⑦ **介護給付費算定に係る体制等に関する届出書**

体制加算などの状況を記載します。介護職員処遇改善加算を算定する場合には、介護職員処遇改善加算に関する届出書も必要です。

この他の必要書類としては、運営規程、利用者からの苦情を処理するために講ずる措置の概要、協力医療機関との契約内容、介護支援専門員一覧、などがあります。

■ 書式作成上の注意点

申請書式の作成にあたっては以下の点に留意してください。

書式17　有料老人ホーム設置届

有料老人ホームを設置する場合、介護保険の指定申請より前に有料老人ホームの事前協議を行い、老人福祉法の有料老人ホーム設置届を提出します。施設の運営の方針については「別添の運営規程のとおり」と記載します。

書式18　指定申請書

印鑑は、法務局に登録済の代表者印を使用します。申請書右上の日付は、提出日を記載します。法人の種別は、営利法人（株式会社）、社会福祉法人、医療法人などの法人の種類を記載します。法人の名称、所在地、代表者の氏名、代表者の職名、住所については、登記事項証明書に記載されているとおり一字一句正確に記載します。事業所の名称と法人の名称は、異なっていてもかまいません。

特定施設入居者生活介護と介護予防特定施設入居者生活介護の事業所指定を希望する場合は、申請書左上の「指定居宅サービス事業所」「指定介護予防サービス事業所」の2か所を○で囲みます。さらに、申請書下部の特定施設入居者生活介護と介護予防特定施設入居者生活介護の「指定（許可）申請対象事業等」欄に○を記載し、右の「指定（許可）申請をする事業等の開始予定年月日」欄には事業開始予定年月日を記載します。

書式19　指定に係る記載事項

外部サービスを利用しない場合は、「サービス提供形態」は「一般型」を○で囲みます。利用者数は、要介護者、要支援者ごとに推定数を記入します。「従業者」欄には、人員基準（219ページ）をクリアする人数を記載しなければなりません。

第26号様式（第13条関係）

有 料 老 人 ホ ー ム 設 置 届

2023 年 3 月 1日

東京都知事　　　殿

住　所　　東京都渋谷区○○町○─○
　　　　　株式会社○○○○
氏　名　　代表取締役 甲野 乙男　㊞^{代表者印}

> 法人にあっては、その事務所の所在地及び
> 名称並びに代表者の氏名

　この度、下記のとおり有料老人ホームを設置するので、老人福祉法第29条第1項及び老人福祉法施行規則第20条の5の規定により、関係書類を添えて届け出ます。

記

1　施設の名称及び設置予定地
　【施設名】**介護付き有料老人ホーム○○**
　【設置予定地】**東京都新宿区○○町○─○**

2　事業開始の予定年月日
　令和 5 年 5 月 1 日

3　施設の類型（いずれかに○）
　介護付（専用型）・混合型）・　住宅型　・　健康型

4　施設の運営の方針（対象者等）
　　別添の運営規程のとおり

5　施設の管理者の氏名及び住所
　【氏名】**丙山　一郎**
　【住所】**東京都新宿区○○町○─○**

6　建物の規模及び構造
　(1) 建物用途：**有料老人ホーム**
　(2) 構造：**鉄筋コンクリート造3階建　84.6㎡**
　(3) 耐火建築物、準耐火建築物の別：**耐火建築物**
　(4) 規模：地下 1 階、地上 3 階

7　入居定員及び居室数
　定員 45 人・　45 室

第1号様式（第3関係）

（指定居宅サービス事業所）
（指定介護予防サービス事業所）
介護保険施設

指定（許可）申請書

2023 年　3 月　1 日

東京都 知事　　殿

（名称）　東京都渋谷区○○町○─○
申請者　　株式会社○○○○

（代表者の職名・氏名）
代表取締役　甲野　乙男　（代表者印）

介護保険法に規定する事業所（施設）に係る指定（許可）を受けたいので、下記のとおり、
関係書類を添えて申請します。

申請者	フリガナ	カブシキガイシャ○○○○		
	名称	株式会社○○○○		
	主たる事務所の所在地	（郵便番号 ○○○ － ○○○○）　東京 ㊞道府県　渋谷 郡㊞市区　○○町○－○		
	連絡先	電話番号　03－○○○○－○○○○　　FAX番号 03－○○○○－○○○○　　Email　○○○○@○○.co.jp		
	代表者の職名・氏名・生年月日	職名 代表取締役　フリガナ コウノ オツオ　氏名 甲野 乙男　生年月日 ○○○○年○○月○○日		
	代表者の住所	（郵便番号 ○○○ － ○○○○）　東京 ㊞道府県　大田 郡㊞市区　○○町○－○		

		同一所在地において行う事業等の種類	指定（許可）申請対象事業等（該当事業に○）	既に指定（許可）を受けている事業等（該当事業に○）	指定（許可）申請をする事業等の開始予定年月日	様式
指定（許可）を受けようとする事業所・施設の種類	指定居宅サービス	訪問介護				付表1
		訪問入浴介護				付表2
		訪問看護				付表3
		訪問リハビリテーション				付表4
		居宅療養管理指導				付表5
		通所介護				付表6
		通所リハビリテーション				付表7
		短期入所生活介護				付表8
		短期入所療養介護				付表9
		特定施設入居者生活介護	○		2023年5月1日	付表10
		福祉用具貸与				付表11
		特定福祉用具販売				付表12
	施設	介護老人福祉施設				付表13
		介護老人保健施設				付表14
		介護医療院				付表15
	指定介護予防サービス	介護予防訪問入浴介護				付表2
		介護予防訪問看護				付表3
		介護予防訪問リハビリテーション				付表4
		介護予防居宅療養管理指導				付表5
		介護予防通所リハビリテーション				付表7
		介護予防短期入所生活介護	○		2023年5月1日	付表8
		介護予防短期入所療養介護				付表9
		介護予防特定施設入居者生活介護				付表10
		介護予防福祉用具貸与				付表11
		特定介護予防福祉用具販売				付表12
介護保険事業所番号		｜ ｜ ｜ ｜ ｜ ｜		（既に指定又は許可を受けている場合）		
医療機関コード等		｜ ｜ ｜ ｜ ｜ ｜		（保険医療機関として指定を受けている場合）		

＊　裏面に記載に関しての備考があります。

（日本産業規格A列4番）

書式19　指定に係る記載事項

付表10 特定施設入居者生活介護・介護予防特定施設入居者生活介護事業所の指定に係る記載事項

<table>
<tr><td rowspan="5">事業所</td><td>フリガナ</td><td colspan="4">カイゴツキユウリョウロウジンホーム　○○</td></tr>
<tr><td>名　称</td><td colspan="4">介護付き有料老人ホーム　○○</td></tr>
<tr><td>所在地</td><td colspan="4">（郵便番号　○○○　－　○○○○　）
東京　都　新宿　区町村　○○町○－○</td></tr>
<tr><td rowspan="2">連絡先</td><td colspan="2">電話番号　03－○○○○－○○○○</td><td colspan="2">FAX番号　03－○○○○－○○○○</td></tr>
<tr><td colspan="4">Email　○○○○＠○○.co.jp</td></tr>
</table>

施設区分 （該当に○）	有料老人ホーム	○		施設開設 年月日	2023 年　5 月　1 日
	軽費老人ホーム				
	サービス付き高齢者向け住宅				
	養護老人ホーム				
入居者の要件 （該当に○）	介護専用型	○			
	介護専用型以外				
サービスの提供形態 （該当に○）	一般型	○			
	外部サービス利用型				

<table>
<tr><td rowspan="5">管理者</td><td>フリガナ</td><td>ヘイヤマ　イチロウ</td><td rowspan="2">住所</td><td rowspan="3">（郵便番号　○○○　－　○○○○　）
東京都新宿区○○町○－○</td></tr>
<tr><td>氏　名</td><td>丙山　一郎</td></tr>
<tr><td>生年月日</td><td>昭和○○年○○月○○日</td></tr>
<tr><td colspan="2">当該事業所で兼務する他の職種（兼務の場合記入）</td><td>名称</td><td></td></tr>
<tr><td rowspan="2">同一敷地内の他の事業所又は施設の
従業者との兼務（兼務の場合記入）</td><td>兼務する職種
及び勤務時間等</td><td>-------</td></tr>
</table>

協力医療機関	名称	○○病院	主な診療科名	内科、外科
	名称		主な診療科名	
	名称		主な診療科名	

○人員に関する基準の確認に必要な事項

従業者の職種・員数	生活相談員		看護職員		介護職員		機能訓練指導員		計画作成担当者	
	専従	兼務	専従	兼務	専従	兼務	専従	兼務	専従	兼務
常　勤（人）	1	1	3	1	7					
非常勤（人）					8					
常勤換算後の人数（人）	1.5		3.5		11					

○設備に関する基準の確認に必要な事項

建物の構造	鉄筋コンクリート造		
入居定員	45 　人		
利用者数	45 　人（前年の平均値、新規の場合は推定数を記入）		
	要介護者　20 　人	要支援者	25 　人
添付書類	別添のとおり		

備考　記入欄が不足する場合は、適宜欄を設けて記載するか又は別様に記載した書類を添付してください。

（日本産業規格A列4番）

11

地域密着型サービスを提供するための基準と申請手続き

少人数制、地域密着を実現するための基準が設けられている

■ 地域密着型サービスの申請手続き

地域密着型サービスには14ページで見たように介護給付のサービスが９種類、予防給付のサービスが３種類あります。なお、本書では、東京都大田区のホームページに掲載されている書式を掲載します。

■ 定期巡回・随時対応型訪問介護看護の指定を受けるための基準

指定を受けるためには、省令で定められた人員基準、設備基準、運営基準をクリアする必要があります。

【人員基準】

訪問介護員・オペーレーターや看護職員、管理者などについて以下のような基準があります。

① 訪問介護員などについての基準

提供時間帯を通じて利用者からの通報受付業務にあたるオペーレーターを常勤で１名以上配置する必要があります。

定期巡回サービスを行う訪問介護員を必要数、随時訪問サービスを行う訪問介護員を１名以上配置する必要があります。利用者の処遇に支障がなければ両者を兼務することが可能です。

② 看護職員についての基準

訪問看護サービスを行う看護職員などを常勤換算で2.5人以上配置し、１人以上は常勤の保健師、看護師であることが必要です。

③ 計画作成責任者についての基準

当該事業所の看護師、介護福祉士の中から１人以上を定期巡回・随時対応型訪問介護看護計画の作成に従事する者として配置します。

④　管理者についての基準

　常勤の管理者を置きます。他の職との兼務も可能です。

【設備基準】

　事業の運営を行うために必要な広さを有する専用の区画やサービスの提供に必要な設備や備品を備える必要があります。

　利用者からの通報に随時適切に対応するため、オペレーションセンターに通信機器を備える必要があります。この通信機器は、利用者の心身の状況などの情報を蓄積できなければなりません。

　また、利用者が適切にオペレーションセンターに通報できる端末機器も配布しなければなりません。

【運営基準】

　運営基準には、主治医との関係、同居家族へのサービス提供の禁止、運営規程に定めるべき事項、勤務体制の確保、事故発生時の対応、定期巡回・随時対応型訪問介護看護計画の作成などの項目について基準が設けられています。

■ 定期巡回・随時対応型訪問介護看護のしくみ ………………………

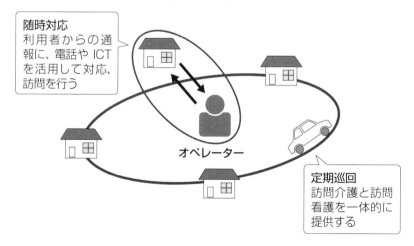

随時対応
利用者からの通報に、電話や ICT を活用して対応、訪問を行う

オペレーター

定期巡回
訪問介護と訪問看護を一体的に提供する

【提出書類と添付書類】

　定期巡回・随時対応型訪問介護看護の指定申請に必要な書類は、①指定申請書と、②付表7（指定に係る記載事項）です。

　また、提出する主な添付書類としては以下のものがあります。

・申請者の法人登記事項証明書または条例など

・従業員の勤務体制及び勤務形態一覧表

　（就業規則、組織体制図、資格証、雇用契約書の写しを添付する）

・平面図、外観および内部の写真、設備等一覧表

・運営規程

・利用者からの苦情処理のために講じる措置の概要

・欠格事項に該当していないことの誓約書

・介護給付費算定に係る体制等に関する届出書

・事業計画書、収支予算書

・社会保険及び労働保険への加入状況にかかる確認票　など

■ 夜間対応型訪問介護の指定を受けるための基準

　指定を受けるには、省令で定められた人員基準、設備基準、運営基準をクリアする必要があります。

【人員基準】

　訪問介護員や管理者について以下のような基準があります。

① 従業員についての基準

・利用者からの通報を受け付ける業務にあたるオペレーターを1人以上、利用者の面接その他の業務を行う面接相談員を1人以上配置する必要があります。

・定期巡回サービスを行う訪問介護員を配置します。最低人員数は定められていませんが、交通事情や訪問頻度を勘案して、必要数を配置します。また、随時訪問サービスを行う訪問介護員を1名以上配置します。

② 管理者についての基準

・原則として、事業所ごとにもっぱらその職務に従事する常勤の管理
　者を置きます。

【設備に関する基準】

・事業の運営を行うために必要な広さを有する専用の区画を設ける他、
　指定夜間対応型訪問介護の提供に必要な設備と備品等を備えること

・利用者の心身の状況等の情報を蓄積し、随時適切に利用者からの通
　報を受けることができるように、オペレーションセンターに通信機
　器などを備えること

・当該利用者が援助を必要とする状態となったときに適切にオペレー
　ションセンターに通報できるように、利用者に対して端末機器を配
　布すること

【運営に関する基準】

　内容及び手続の説明及び同意、サービス提供困難時の対応、心身の
状況等の把握など、夜間対応型訪問介護事業を運営する上で定められ

■ 夜間対応型訪問介護サービスのしくみ ……………………………

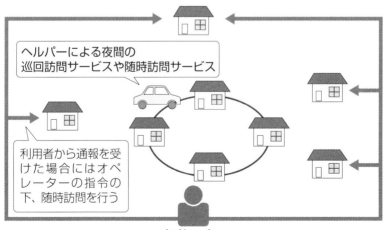

ヘルパーによる夜間の
巡回訪問サービスや随時訪問サービス

利用者から通報を受
けた場合にはオペ
レーターの指令の
下、随時訪問を行う

オペレーター

ている必要な基準を満たす必要があります。

【提出書類と添付書類】

　夜間対応型訪問介護の指定を受けるための指定申請に必要な提出書類は①指定申請書と②付表1（事業所の指定に係る記載事項）です。

　また、提出する主な添付書類には以下のものがあります。

・申請者の登記事項証明書または条例等

・従業者の勤務体制及び勤務形態一覧表
　（就業規則、組織体制図、資格証、雇用契約書を添付する）

・平面図、設備一覧表（外観や内部の様子がわかる写真を添付する）

・運営規程

・利用者からの苦情を処理するために講ずる措置の概要

・欠格事項に該当していないことの誓約書

・介護給付費算定に係る体制等に関する届出書

・事業計画書、収支予算書

・社会保険及び労働保険への加入状況にかかる確認票　など

■ 地域密着型通所介護としての指定を受けるための基準

　指定を受けるためには、省令で定められた人員基準、設備基準、運営基準をクリアする必要があります。障害者と高齢者が同じ事業所でサービスを受ける「共生型」の基準もありますが、ここでは、通常の高齢者を対象とした基準を取り上げます。

【人員基準】

　生活相談員、看護職員、介護職員、機能訓練指導員、管理者を配置します。生活相談員または介護職員のうち1名は常勤でなければなりません。

① 生活相談員についての基準

　サービス提供時間帯を通じて、専従1名以上確保する必要があります。時間帯を通じて、1名以上確保されればよいので、複数人が交代

でサービスを提供することも可能です。

② **看護職員についての基準**

看護師または准看護師を1名以上配置します。ただし、定員が10名以下の場合は、配置は不要です。

③ **介護職員についての基準**

利用者が15名以下の場合は1名以上、16〜18名の場合は2名以上の配置が必要です。

④ **機能訓練指導員についての基準**

機能訓練指導員を1名以上配置します。他の職と兼務可能です。

⑤ **管理者についての基準**

常勤の管理者を置きます。他の職との兼務も可能です。

【設備基準】

食堂、機能訓練室、静養室、相談室、事務室、非常災害時に必要な設備（消火設備など）などを設置します。

食堂及び機能訓練室は、利用定員1名あたり3㎡以上の広さが必要です。相談室は、相談内容が外部に漏えいしないように遮へい物などを設置する必要があります。非常災害時に必要な設備とは、消防法その他の法令等に規定された設備です。

【運営基準】

運営基準には、サービス提供困難時の対応、心身の状況などの把握、運営規程に定めるべき事項、勤務体制の確保、衛生管理、地域との連携などの項目について基準が設けられています。

【提出書類と添付書類】

地域密着型通所介護の指定申請に必要な書類は、①指定申請書と、②付表9（指定に係る記載事項）です。

また、提出する主な添付書類には以下のものがあります。

・申請者の法人登記事項証明書または条例など

・従業員の勤務体制及び勤務形態一覧表

（就業規則、組織体制図、資格証、雇用契約書の写しを添付する）

・平面図、建築図面

（建物の登記事項証明書または賃貸借契約書の写し、外観および内部の写真を添付する）

・運営規程

・利用者からの苦情処理のために講じる措置の概要

・欠格事項に該当していないことの誓約書

・介護給付費算定に係る体制等に関する届出書

・事業計画書、収支予算書

・社会保険及び労働保険への加入状況にかかる確認票　など

■ 小規模多機能型居宅介護事業者としての指定を受けるための基準

　指定を受けるには、省令で定められた人員基準、設備基準、運営基準をクリアする必要があります。介護予防小規模多機能型居宅介護と小規模多機能型居宅介護の指定基準は、基本的には同じです。

【人員基準】

　従業員、計画作成者、管理者、代表者の人員配置、資格などについて基準があります。

① 従業員についての基準

　昼間と夜間・深夜で人員配置の基準が異なります。なお、介護従事者のうち1名以上は常勤者で、看護職員を1名以上配置しなければなりません。

ⓐ 昼間の時間帯

　通いサービスの利用者数が3名またはその端数が増える度に、常勤換算で1名以上の従業員の配置が必要です。また、訪問サービスの提供にあたる従業員を常勤換算で1名以上配置する必要があります。

ⓑ 夜間および深夜の時間帯

　時間帯を通じて、宿直勤務を除いて1名以上の従業員の配置が必要

です。また宿直勤務に充てる従業員を1名以上配置します。ただし、宿泊サービスの利用者がいない場合は、夜間・深夜時間帯に訪問サービスを提供するための連絡体制があれば、従業員および宿直の配置は不要です。

② **計画作成担当者についての基準**

「小規模多機能型サービス等計画作成担当者研修」を修了した介護支援専門員を配置します。他の職種との兼務も可能です。

③ **管理者についての基準**

常勤の管理者を配置します。専従が原則ですが、他の職種との兼務も可能です。管理者になるのは、次の条件を満たす人です。

ⓐ 特別養護老人ホーム、介護老人保健施設などで職員または訪問介護員などとして3年以上、認知症高齢者の介護に従事した経験がある。

ⓑ 「認知症対応型サービス事業管理者研修」を修了している。

④ **代表者についての基準**

「認知症対応型サービス事業開設者研修」を修了し、かつ、次のいずれかの条件を満たす代表者を置きます。

ⓐ 特別養護老人ホーム、介護老人保健施設などで職員または訪問介護員などとして認知症高齢者の介護に従事した経験がある。

ⓑ 保健医療サービス、福祉サービスの経営に携わった経験がある。

【設備基準】

① **登録定員、利用定員についての基準**

登録定員（登録者数の上限のこと）は、29名（サテライト型は18名）以下とします。通いサービスと宿泊サービスの利用定員（1日あたりの利用者の上限のこと）は事業者が法律で決められた範囲内で自由に設定できます。

② **設備についての基準**

設備・備品は、居間、食堂、台所、宿泊室、浴室その他必要な設備および備品等を置きます。居間および食堂は、機能を十分に発揮でき

る広さが必要です。居間と食堂を、同じ場所にしてもかまいません。宿泊室は、定員1名の個室としますが、処遇上必要な場合には、2人部屋とすることも可能です。床面積は、1人あたり7.43㎡程度を確保します。また、個室以外の宿泊室は、パーテーションなどを用いて利用者同士の視線を遮断し、プライバシーを確保します。

③　立地についての基準

　事業所は、住宅地と同程度に利用者の家族や地域住民との交流の機会を確保できる場所に設ける必要があります。

【運営基準】

　運営基準には、事業の運営にあたって従うべき基準として、地域との連携、利用者の心身の状況把握、居宅サービス事業者との連携などの事項が定められています。

【提出書類と添付書類】

　小規模多機能型居宅介護の指定申請に必要な書類は、①指定申請書と②付表3（指定に係る記載事項）です。

　また、提出する主な添付書類には以下のものがあります。

・申請者の法人登記事項証明書または条例など

・従業員の勤務体制及び勤務形態一覧表

　（就業規則、組織体制図、資格証、雇用契約書の写しを添付する）

・代表者、管理者、介護支援専門員の受講が必須な研修の修了証の写し

・事業所の平面図、建築図面、設備等一覧表

・運営規程

・利用者からの苦情処理のために講じる措置の概要

・協力医療機関（協力歯科医療機関を含む）との契約書の写し

・介護老人福祉施設、病院などとの連携体制及び支援体制の概要

・介護給付費算定に係る体制等に関する届出書

・社会保険及び労働保険への加入状況にかかる確認票　など

■ 認知症対応型通所介護事業者としての指定を受けるための基準

　認知症対応型通所介護には、単独型、併設型、共用型の３種類がありますが、単独型・併設型と共用型でそれぞれ指定基準が異なります。ここでは、単独型・併設型の指定基準を取り上げます。

　なお、介護予防認知症対応型通所介護と認知症対応型通所介護の指定基準は、基本的には同じですが、若干異なる点もあります。

【人員基準】

　生活相談員、看護職員または介護職員、機能訓練指導員、管理者を配置します。生活相談員、看護職員または介護職員のうちの１名以上は常勤でなければなりません。

① **生活相談員についての基準**

　サービスを提供する時間帯を通じて、もっぱらサービスの提供にあたる生活相談員を１名以上確保する必要があります。時間帯を通じて１名以上確保できればよいので、複数人が交代でサービスを提供することも可能です。

② **看護職員または介護職員についての基準**

　サービス提供時間帯を通じて、もっぱらサービスの提供にあたる看護職員または介護職員を１名以上確保しなければなりません。

③ **機能訓練指導員についての基準**

　機能訓練指導員を１名以上配置します。他の職と兼務可能です。

④ **管理者についての基準**

　常勤の管理者を置きます。他の職との兼務も可能です。管理者になるには、次の２つの条件をクリアする必要があります。

ⓐ 　適切な介護を提供するために必要な知識・経験を持つこと。

ⓑ 　認知症対応型サービス事業管理者研修を修了していること。

【設備基準】

　食堂、機能訓練室、静養室、相談室、事務室を有する他、非常災害時に必要な設備（消火設備など）などを設置します。

食堂及び機能訓練室は、利用定員１名あたり３㎡以上の広さが必要です。相談室は、相談内容が外部に漏えいしないように遮へい物などを設置する必要があります。非常災害時に必要な設備とは、消防法その他の法令等に規定された設備です。

【運営基準】

　運営基準には、地域との連携、職員の秘密保持、運営規程に定めるべき事項、衛生管理、非常災害対策、苦情処理、勤務体制の確保などの項目について基準が設けられています。

　なお、介護予防認知症対応型通所介護の場合は、「利用者ができる限り要介護状態とならないで自立した日常生活を営むことができるように支援すること」といった基準が追加されます。

【提出書類と添付書類】

　指定申請に必要な書類は、①指定申請書と②付表２−１（指定に係る記載事項）です。提出する主な添付書類は以下のとおりです。

・申請者の法人登記事項証明書または条例など
・従業員の勤務体制及び勤務形態一覧表
　（就業規則、組織体制図、資格証、雇用契約書の写しを添付する）
・管理者の経歴書、認知症対応型サービス事業管理者研修修了証の写し
・事業所の平面図、建築図面、外観および内部の写真、設備等一覧表
・運営規程
・利用者からの苦情処理のために講じる措置の概要
・欠格事項に該当していないことの誓約書
・介護給付費算定に係る体制等に関する届出書
・事業計画書、収支予算書
・社会保険及び労働保険への加入状況にかかる確認票　など

■ 認知症対応型共同生活介護事業者としての指定を受けるための基準

　指定を受けるには、人員基準、設備基準、運営基準をクリアする必

要があります。介護予防認知症対応共同生活介護と認知症対応型共同生活介護の指定基準は、ほとんど同じですが、異なる部分もあります。

【人員基準】

　介護従業員、計画作成担当者、管理者、代表者の人員配置、資格などについて基準が設けられています。

①　介護従業員についての基準

　介護従業員のうち１名以上は常勤でなければなりません。また、介護従業員の配置基準は、昼間と夜間・深夜で異なります。

　昼間の時間帯は、利用者の数が３名またはその端数を増すごとに、常勤換算で１名以上の従業員を配置します。

　夜間及び深夜は、時間帯を通じて、宿直勤務を除いて１名以上の従業員を配置します。夜間及び深夜の従業員は、利用者の処遇に支障がなければ、併設されている施設の職務に従事できる場合もあります。

②　計画作成担当者についての基準

　計画作成担当者を配置します。専従が原則ですが、利用者の処遇に支障がなければ、他の職との兼務が可能です。また、計画作成担当者は、都道府県及び政令指定都市が実施する研修を修了している必要があります。さらに、計画作成担当者のうち１名は、介護支援専門員でなければなりません。

③　管理者についての基準

　共同生活住居ごとに専従の管理者を置かなければなりません。ただし、支障がない場合には、他の職との兼務も可能です。管理者の資格を持つのは、次の２つの条件を満たす人です。
ⓐ　施設の従業員・ヘルパーとして、３年以上認知症者の介護に従事
ⓑ　認知症対応型サービス事業管理者研修を修了

④　代表者についての基準

　次のいずれかの条件を満たし、認知症対応型サービス事業開設者研修を修了した代表者を置く必要があります。

ⓐ　施設の従業員かヘルパーとして認知症者の介護に従事

ⓑ　保健医療または福祉サービスの事業経営に携わった経験がある。

【設備基準】

① 設備についての基準

　共同生活住居（利用定員5〜9名）を1〜2設置します。共同生活住居には、居室、居間、食堂、台所、浴室、防災設備などの必要な設備を設けます。居室の床面積は、7.43㎡以上として、個室とします。ただし、利用者の処遇上必要な場合には2人入居も可能です。なお、居間および食堂は、同じ場所でもかまいませんが、それぞれの機能は独立していることが望ましいとされています。

　複数の共同生活住居を設ける場合は、居間、食堂、台所は、共同生活住居ごとに専用の設備にします。

② 立地についての基準

　事業所は、住宅地と同程度に利用者の家族や地域住民との交流の機会を確保できる場所に設ける必要があります。

【運営基準】

　運営基準には、運営方針、介護、運営規程に定めるべき事項、入退居などの項目について基準が設けられています。

【提出書類と添付書類】

　指定申請に必要な書類は、①指定申請書、②付表4（指定に係る記載事項）です。提出する主な添付書類は以下のとおりです。

・申請者の法人登記事項証明書または条例など

・従業員の勤務体制及び勤務形態一覧表
　（就業規則、組織体制図、資格証、雇用契約書の写しを添付する）

・管理者の経歴書、認知症対応型サービス事業管理者研修修了証の写し

・代表者、計画作成担当者の受講が必要な研修の修了証の写し

・事業所の平面図、建築図面、外観および内部の写真、設備等一覧表

・運営規程

・利用者からの苦情処理のために講じる措置の概要

・協力医療機関（協力歯科医療機関を含む）との契約書の写し

・介護老人福祉施設、病院などとの連携体制及び支援体制の概要

・欠格事項に該当していないことの誓約書

・介護支援専門員一覧表

・介護給付費算定に係る体制等に関する届出書

・事業計画書、収支予算書

・社会保険及び労働保険への加入状況にかかる確認票　など

■ 地域密着型特定施設入居者生活介護事業者の指定を受けるための基準

　指定を受けるには、人員基準、設備基準、運営基準をクリアする必要があります。

【人員基準】

　従業員と管理者の人員配置などついて基準があります。

① 従業員についての基準

　生活相談員、介護職員または看護職員、機能訓練指導員、計画作成担当者を配置します。

ⓐ 生活相談員についての基準

　生活相談員を1名以上置きます。生活相談員のうち1名以上は常勤でなければなりません。

ⓑ 介護職員と看護職員についての基準

　介護職員または看護職員数は、利用者（要介護者）の数が3名増すごとに常勤換算で1名以上配置します。また、介護職員については、常時1名以上確保する体制でなければなりません。さらに、介護職員と看護職員は、いずれも常勤者を1名以上配置します。

ⓒ 機能訓練指導員についての基準

　機能訓練指導員を1名以上配置します。他の職との兼務可能です。

ⓓ 計画作成担当者についての基準

計画作成担当者（介護支援専門員）を１名以上配置します。専従が原則ですが、業務に支障がない場合、他の職との兼務が可能です。

② 管理者についての基準

専従の管理者を置きます。ただし、管理上支障がない場合には、他の職との兼務が可能です。

【設備基準】

特定施設入居者生活介護の設備基準と基本的には同じです。ただし、浴室、食堂については、利用者が同一敷地内の他の事業所、施設の浴室、食堂を利用できる場合は、設置不要であることが規定されている点などが異なります。

【運営基準】

特定施設入居者生活介護と基本的には同じですが、地域との連携等に関する規定が追加されている点が異なります。

【提出書類と添付書類】

指定申請に必要な書類は①指定申請書と、②付表５（指定に係る記載事項）です。提出する主な添付書類として以下のものがあります。

・申請者の法人登記事項証明書または条例など
・従業員の勤務体制及び勤務形態一覧表
・事業所の平面図、建築図面、外観および内部の写真、設備等一覧表
・運営規程
・利用者からの苦情処理のために講じる措置の概要
・欠格事項に該当していないことの誓約書
・協力医療機関（協力歯科医療機関を含む）との契約書の写し
・介護給付費算定に係る体制等に関する届出書
・介護支援専門員一覧
・社会保険及び労働保険への加入状況にかかる確認票　など

■ 地域密着型介護老人福祉施設入所者生活介護の指定を受けるための基準

指定を受けるには、省令で定められた人員基準、設備基準、運営基準をクリアする必要があります。なお、地域密着型介護老人福祉施設入所者生活介護の指定を受ける法人は、社会福祉法人に限られているわけではないのですが、実際のところ、社会福祉法人が指定を受けることが多いようです。

【人員基準】

入所者に対し健康管理及び療養上の指導を行うために必要な数の医師を置くことが求められています。また、生活相談員１人以上、介護職員及び看護職員の総数を、常勤換算方法で、入所者の数が３人またはその端数を増すごとに１人以上とすること、看護職員の数を、１人以上とすること、といった基準が定められています。同様に栄養士を１人以上、機能訓練指導員を１人以上、介護支援専門員を１人以上置くことも必要です。

【設備基準】

居室の定員・床面積、静養室の場所、浴室・洗面設備・便所・医務室の設備、食堂及び機能訓練室の広さ、廊下幅、消火設備といった点について基準が設けられています。

【運営基準】

サービス提供困難時の対応、サービスの提供の記録、利用料の受領、協力病院など、一定の基準に沿って運営しなければならないとされています。

【提出書類と添付書類】

指定申請に必要な書類は、①指定申請書と②付表６（指定に係る記載事項）です。提出する主な添付書類は以下のとおりです。

・申請者の登記事項証明書または条例など
・特別養護老人ホームの許可証等の写し
・従業者の勤務体制及び勤務形態一覧表

・平面図、建築図面、外観および内部の写真、設備等一覧表

・協力医療機関および協力歯科医療機関との契約書の写し

・本体施設の概要、併設する施設の概要

・介護給付費算定に係る体制等に関する届出書

・社会保険及び労働保険への加入状況にかかる確認票　など

■ 看護小規模多機能型居宅介護としての指定を受けるための基準

指定を受けるためには、省令で定められた人員基準、設備基準、運営基準をクリアする必要があります。

【人員基準】

従業員、計画作成者、管理者、代表者の人員配置、資格などについて基準があります。

① 従業員についての基準

昼間と夜間・深夜で人員配置の基準が異なります。小規模多機能型居宅介護の人員配置と異なり、介護従業員のうち1名以上は保健師または看護師を配置し、介護従業員のうち常勤換算で2.5名以上は看護職員でなければなりません。また、昼間の通いサービスと訪問サービスでそれぞれ看護職員を1名以上配置する必要があります。

ⓐ 昼間の時間帯

通いのサービスの利用者数が3名またはその端数が増えるごとに常勤換算で1名以上の従業員の配置が必要です。また、訪問サービスの提供にあたる従業員を常勤換算方法で2名以上配置する必要があります。

ⓑ 夜間および深夜の時間帯

夜間及び深夜の時間帯勤務を行う従業員を1名以上配置します。それとは別に宿直業務にあたる者を1名以上配置します。ただし、宿泊サービスの利用者がいない場合は、夜間・深夜時間帯に訪問サービスを提供するための連絡体制があれば、従業員および宿直の配置は不要です。

② **計画作成者についての基準**

「小規模多機能型サービス等計画作成担当者研修」を修了した介護支援専門員を配置します。他の職種との兼務も可能です。

③ **管理者についての基準**

常勤の管理者を配置します。専従が原則ですが、他の職種との兼務も可能です。次の条件を満たすもの、または保健師、看護師であることが必要です。

ⓐ 特別養護老人ホーム、介護老人保健施設などで職員または訪問介護員などとして3年以上、認知症高齢者の介護に従事した経験がある。

ⓑ 「認知症対応型サービス事業管理者研修」を修了している。

④ **代表者についての基準**

「認知症対応型サービス事業開設者研修」を修了し、かつ、次の条件を満たすもの、または保健師、看護師である代表者を置きます。

ⓐ 特別養護老人ホーム、介護老人保健施設などで職員または訪問介護員などとして認知症高齢者の介護に従事した経験がある。

ⓑ 保健医療サービス、福祉サービスの経営に携わった経験がある。

【設備基準】

① **登録定員、利用定員についての基準**

登録定員（登録者数の上限のこと）は、29名（サテライト型は18名）以下とします。利用定員（1日あたりの利用者の上限のこと）は事業者が法律で決められた範囲内で自由に設定できます。

② **設備についての基準**

居間、食堂、台所、宿泊室、浴室その他必要な設備および備品等を置きます。居間および食堂は、機能を十分に発揮できる広さが必要です。居間と食堂を、同じ場所にしてもかまいません。宿泊室は、定員1名の個室としますが、処遇上必要な場合には、2人部屋とすることも可能です。床面積は、1人あたり7.43㎡程度を確保します。

また、個室以外の宿泊室は、パーテーションなどを用いて利用者同

士の視線を遮断し、プライバシーを確保します。

③　立地についての基準

　事業所は、住宅地と同程度に利用者の家族や地域住民との交流の機会を確保できる場所に設ける必要があります。

【運営基準】

　運営基準には、サービス提供困難時の対応、心身の状況などの把握、運営規程に定めるべき事項、主治医との関係、定員の遵守、地域との連携などの項目について基準が設けられています。

【提出書類と添付書類】

　看護小規模多機能型居宅介護の指定申請に必要な書類は、①指定申請書と、②付表8（指定に係る記載事項）です。

　また、提出する主な添付書類には以下のものがあります。

・申請者の法人登記事項証明書または条例など
・従業員の勤務体制及び勤務形態一覧表
　（就業規則、組織体制図、資格証、雇用契約書の写しを添付する）
・管理者の経歴書
・代表者、管理者、介護支援専門員の受講が必須な研修修了証または保健師、看護師免許の写し
・平面図、建築図面、設備一覧表
　（建物の登記事項証明書または賃貸借契約書、外観および内部の写真を添付する）
・運営規程
・利用者からの苦情処理のために講じる措置の概要
・協力医療機関及び協力歯科医療機関との契約書の写し
・欠格事項に該当していないことの誓約書
・介護給付費算定に係る体制等に関する届出書
・介護支援専門員一覧
・事業計画書、収支予算書

・社会保険及び労働保険への加入状況にかかる確認票　など

■ 書式作成上の注意点

　本書では、地域密着型サービスのうち、認知症対応型通所介護事業所を開業することを想定した書式を掲載します。

　申請書式の作成にあたっては以下の点に留意してください。

書式20　指定申請書

　認知症対応型通所介護の事業所指定を希望する場合は、申請書上部の「指定地域密着型サービス事業所」の箇所を○で囲みます。さらに、申請書下部の認知症対応型通所介護の「実施事業」欄に○印を記入し、その右の「指定申請をする事業の事業開始予定年月日」欄には事業開始予定年月日を記載します。

書式21　付表（事業所の指定に係る記載事項）

　「従業者の職種・員数」欄には、人員基準（235ページ）をクリアする人数を記載しなければなりません。さらに、食堂及び機能訓練室の合計面積は、利用者1名×3㎡以上でなければなりません。

書式22　老人居宅生活支援事業開始届

　特別養護老人ホームなどの施設をすでに運営している事業者が、併設して新たに認知症対応型通所介護事業を開始する場合には、老人居宅支援事業開始届を担当窓口に提出します（東京都の場合）。詳しくは、各自治体の担当窓口に確認してください。

書式23　老人デイサービスセンター等設置届

　単独で認知症対応型通所介護を行う事業者が、認知症対応型通所介護事業を開始する場合には、老人デイサービスセンター等設置届を担当窓口に提出します（東京都の場合）。詳しくは各自治体の担当窓口に確認してください。

書式20　指定申請書

指定地域密着型サービス事業所
指定地域密着型介護予防サービス事業所　指定申請書

令和 5 年 3 月 1 日

（宛先）大田区長

申請者 （法人）	所在地	東京都渋谷区○○町○-○
	名称	株式会社　○○○○
	代表者の職名・氏名	代表取締役 甲野　乙男 （代表者印）

介護保険法に規定する事業所に係る指定を受けたいので、次のとおり関係書類を添えて申請します。

申請者（法人）	フリガナ	カブシキガイシャ○○○○					
	名称	株式会社　○○○○					
	主たる事務所の所在地	〒 ○○○-○○○○ 東京都渋谷区○○町○-○					
	連絡先	電話番号 03-○○○○-○○○○	ファクシミリ番号	03-○○○○-○○○○			
	法人の種別	株式会社	法人所轄庁	東京都			
	代表者の職名・氏名・生年月日	職名 代表取締役	フリガナ	コウノ　オツオ	生年月日		
			氏名	甲野　乙男	○○○○ 年○月○日		
	代表者の住所	〒 ○○○-○○○○ 東京都大田区○○町○-○					

指定を受ける事業所	フリガナ	デイサービスセンター　○○				
	名称	デイサービスセンター　○○				
	所在地	〒 ○○○-○○○○ 東京都大田区○○町○-○				

同一所在地において行う事業所の種類		実施事業	指定申請をする事業の事業開始予定年月日	既に指定を受けている事業所の指定年月日	様式
地域密着型サービス	夜間対応型訪問介護				付表1
	認知症対応型通所介護	○	令和5年5月1日		付表2
	小規模多機能型居宅介護				付表3
	認知症対応型共同生活介護				付表4
	地域密着型特定施設入居者生活介護				付表5
	地域密着型介護老人福祉施設入所者生活介護				付表6
	定期巡回・随時対応型訪問介護看護				付表7
	看護小規模多機能型居宅介護				付表8
	地域密着型通所介護				付表9
地域密着型介護予防サービス	介護予防認知症対応型通所介護				付表2
	介護予防小規模多機能型居宅介護				付表3
	介護予防認知症対応型共同生活介護				付表4

介護保険事業所番号			（既に指定を受けている場合）
指定を受けている他市町村名			
医療機関コード等			（保険医療機関として指定を受けている場合）

246

書式21 付表（事業所の指定に係る記載事項）

付表2−1 認知症対応型通所介護事業所・介護予防認知症対応型通所介護事業所の指定に係る記載事項（単独型・併設型）

<table>
<tr><td rowspan="6">事業所</td><td>フリガナ</td><td colspan="5">デイサービスセンター　○○</td></tr>
<tr><td>名　称</td><td colspan="5">デイサービスセンター　　○○</td></tr>
<tr><td>所在地</td><td colspan="5">（郵便番号 ○○○−○○○○）
東京都大田区　　○○町○ー○</td></tr>
<tr><td rowspan="2">連絡先</td><td>電話番号</td><td>03−○○○○−○○○○</td><td>FAX 番号</td><td colspan="2">03−○○○○−○○○○</td></tr>
<tr><td>Email</td><td colspan="4">○○○○＠○○.co.jp</td></tr>
<tr><td>事業の実施形態</td><td colspan="5">☑ 単独型　　　　　□ 併設型</td></tr>
</table>

<table>
<tr><td rowspan="5">管理者</td><td>フリガナ</td><td colspan="2">ヘイヤマ　イチロウ</td><td rowspan="2">住所</td><td rowspan="2">（郵便番号 ○○○−○○○○）
東京都大田区○○町○ー○</td></tr>
<tr><td>氏　名</td><td colspan="2">丙山　一郎</td></tr>
<tr><td>生年月日</td><td colspan="2">昭和○○年○月○日</td></tr>
<tr><td>当該認知症対応型通所介護事業所で兼務する他の職種
（兼務の場合のみ記入）</td><td colspan="4"></td></tr>
<tr><td>同一敷地内の他の事業所
又は施設の従業者との兼務（兼務の場合のみ記入）</td><td>名称</td><td></td><td>事業所番号</td><td></td></tr>
</table>

（続き）兼務する職種及び勤務時間等　------------------------------------

○人員に関する基準の確認に必要な事項

従業者の職種・員数	生活相談員	看護職員	介護職員	機能訓練指導員
常　勤（人）	1		2	1
非常勤（人）		2	4	

○設備に関する基準の確認に必要な事項

食堂及び機能訓練室の合計面積	80 ㎡
営業時間	単位ごとのサービス提供時間（送迎時間を除く） （①10：00〜17：00②　：　〜　：　③　：　〜　：　）
利用定員	10 人（単位ごとの定員①　10 人②　　人③　　人）
添付書類	別添のとおり

（認知症対応型通所介護事業所・介護予防認知症対応型通所介護事業所を事業所所在地以外の場所で一部実施する場合）

<table>
<tr><td rowspan="5">事業所</td><td>フリガナ</td><td colspan="3"></td></tr>
<tr><td>名　称</td><td colspan="3"></td></tr>
<tr><td>所在地</td><td colspan="3">（郵便番号　　−　　）
東京都大田区</td></tr>
<tr><td rowspan="2">連絡先</td><td>電話番号</td><td></td><td>FAX 番号</td></tr>
<tr><td>Email</td><td colspan="2"></td></tr>
</table>

○設備に関する基準の確認に必要な事項

食堂及び機能訓練室の合計面積	㎡
営業時間	単位ごとのサービス提供時間（送迎時間を除く） （①　：　〜　：　②　：　〜　：　③　：　〜　：　）
利用定員	人（単位ごとの定員①　　人②　　人③　　人）

備考　1　記入欄が不足する場合は、適宜欄を設けて記載するか又は別紙に記載した書類を添付してください。
　　　2　管理者の兼務については、添付資料にて確認可能な場合は記載を省略することが可能です。
　　　3　機能訓練指導員については、生活相談員又は看護職員若しくは介護職員と兼務しない場合にのみ記載してください。
　　　4　当該事業を事業所所在地以外の場所（いわゆる出張所）で一部実施する場合、下段の表に所在地等を記載してください。また、従業者については、上段の表に出張所に勤務する職員も含めて記載してください。

別記第1号様式（第2条関係）

老人居宅生活支援事業開始届

2023 年 3 月 1 日

東京都知事　　殿

区市町村又は
法人等の名称 **株式会社 ○○○○**
代表者氏名　　 **甲野 乙男** （代表者印）

　下記のとおり老人居宅生活支援事業を開始するので、老人福祉法第14条及び老人福祉法施行規則第1条の9の規定により届け出ます。

記

1　事業の種類及び内容　**老人デイサービス事業**
2　経営者の氏名及び住所（法人等であるときは、その名称及び主たる事務所の所在地）**株式会社○○○○　東京都大田区○○町○-○**
3　登記事項証明書又は条例
4　職員の定数及び職務の内容
5　主な職員の氏名
6　事業を行おうとする区域（区市町村からの委託事業にあっては、当該区市町村の名称を含む。）**東京都大田区**
7　老人デイサービス事業、老人短期入所事業、小規模多機能型居宅介護事業、認知症対応型老人共同生活援助事業又は複合型サービス福祉事業にあっては、次に掲げる事項
⑴　事業の用に供する施設、サービスの拠点又は住居の名称 **デイサービスセンター ○○**
⑵　種類（小規模多機能型居宅介護事業、認知症対応型老人共同生活援助事業及び複合型サービス福祉事業に係るものを除く。）
⑶　所在地　**東京都大田区○○町○-○**
⑷　入所定員、登録定員又は入居定員（老人デイサービス事業に係るものを除く。）**10 名**
8　事業開始の予定年月日　**2023 年 5 月 1 日**
9　添付書類
　　知事が指示するもの

（日本産業規格A列4番）

第4号様式（第3条関係）

老人デイサービスセンター等設置届

2023 年　3 月　1 日

東京都知事　　殿

　　　　　　　　区市町村又は
　　　　　　　　法人等の名称　**株式会社　○○○○**
　　　　　　　　事務所の所在地　**東京都渋谷区○○町○－○**
　　　　　　　　代表者氏名
　　　　　　　　　　　甲野　乙男　㊞（代表者印）

　　（老人デイサービスセンター）

　下記のとおり　**老 人 短 期 入 所 施 設** を設置するので、老人福祉法
　　　　　　　　老 人 介 護 支 援 センター

第 15 条第 2 項及び老人福祉法施行規則第 1 条の 14 の規定により届け出
ます。

記

1　施設の名称、種類及び所在地
　　名　　称　**デイサービスセンター○○**
　　種　　類　**老人デイサービスセンター（認知症対応型通所介護）**
　　所在地　**東京都大田区○○町○－○**
2　建物の規模及び構造並びに設備の概要
　　別添建物検査済証、平面図、居室面積一覧のとおり
3　職員の定数及び職務の内容
4　施設の長の氏名
5　事業を行おうとする区域（区市町村からの委託事業にあっては、当
　　該区市町村の名称を含む。）**東京都大田区**
6　入所定員（老人短期入所施設に係るものに限る。）
7　事業開始の予定年月日　**2023 年 5 月 1 日**
8　添付書類
　　登記事項証明書（法人等の場合に限る。）

（日本産業規格Ａ列４番）

12 介護予防・日常生活支援総合事業を行うための基準と指定手続き

地域の実情に詳しい市町村の定めた基準に従う

■ 事業者としての指定を受けるための基準

　サービスの提供を担う事業者は、市町村から指定を受ける必要があります。訪問型・通所型サービスはそれぞれ現行相当サービスと基準を緩和したサービスに分けられます。現行相当サービスは、要介護者を対象とした訪問介護や通所介護と一体的に提供している事業所が多いため、指定基準は、訪問介護と通所介護の指定基準とほぼ同じです。本書では基準を緩和したサービスの指定基準を記載します。

① 訪問型サービス（基準緩和型）

【人員基準】

　以下の人員を配置しなければなりません。

・生活援助員（介護福祉士、一定の研修を受講した者など）

・常勤の訪問事業責任者（生活援助員の中から選任）

・常勤の管理者（事業所ごとに配置）

【設備基準】

・事業の運営を行うために必要な広さを有する専用の区画、設備等

【運営基準】

　運営規程に記載する内容、勤務体制の確保、提供拒否の禁止、地域包括支援センターとの連携などの項目について基準が設けられています。

② 通所型サービス（基準緩和型）

【人員基準】

　以下の人員を配置しなければなりません。

・介護職員を、利用者15人以下の場合1人以上、15人以上の場合は超えた数が5人増えるごとに1人以上を追加で配置

・活動援助相談員（介護職員の中から選任）

・常勤の管理者（事業所ごとに配置）

【設備基準】

・食堂、機能訓練室、静養室、相談室、事務室、消火設備等を備える
必要があります。機能訓練室は定員１名あたり３㎡以上必要です。

【運営基準】

　運営規程に記載する内容、定員の遵守、非常災害対策、衛生管理などの項目について基準が設けられています。

■ どんな書類を提出するのか

　提出する主な書類は、以下のとおりです。

①　**指定申請書**

②　**事業所の指定に係る記載事項**

　訪問型サービスの場合は、付表１、通所型サービスの場合には、付表２を提出することになります。

③　**欠格事項に該当していないことを誓約する書面**

④　**従業者の勤務体制・勤務形態一覧表**

⑤　**介護予防・日常生活支援総合事業費算定に係る体制に関する届出書など**

■ 書式作成上の注意点

　申請書式の作成にあたっては以下の点に留意する必要があります。

書式24　指定申請書

　指定申請を行う申請者・事業所に関する必要事項を記載します。そして、「指定を受けようとする事業の種類」欄には、訪問型サービスの場合、東京都中野区においては、訪問型サービスの区分に応じて、「予防訪問サービス」「生活援助サービス」のうち、該当するサービスについて「実施事業」欄に○印を付け、事業開始年月日などを記載し

ます。通所型サービスの場合、「予防通所サービス」「活動援助サービ
ス」のうち、該当するサービスについて「実施事業」欄に○印を付け、
事業開始年月日などを記載することになります。また、すでに指定を
受けている事業がある場合、事業の種類に応じて「訪問介護」「通所
介護」「地域密着型通所介護」欄のうち該当する事業に○印を付けます。

書式25　訪問型サービス事業所の指定に係る記載事項

　申請するサービスの種別に応じて、「予防訪問サービス」あるいは
「生活援助サービス」の種別にチェックを入れます。そして、管理者・
訪問事業責任者・サービス提供責任者など、人員基準などを満たすよ
うに注意しながら、必要事項を記入していきます。その他、利用者に
とって重要な営業時間や利用料に関する事項を明示します。

書式26　通所型サービス事業所の指定に係る記載事項

　申請するサービスの種別に応じて、「予防通所サービス」あるいは
「活動援助サービス」の種別にチェックを入れます。そして、管理者・
生活相談員・看護職員・介護職員・機能訓練指導員など、人員基準な
どを満たすように注意しながら、必要事項を記入していきます。

■ 介護予防・日常生活支援総合事業の指定基準 ……………………

	訪問型サービス（基準緩和型）	通所型サービス（基準緩和型）
人員基準	・生活援助員（介護福祉士など） ・常勤の訪問事業責任者（生活援助員の中から選任） ・常勤の管理者（事業所ごとに配置）	・介護職員 　（利用者15人以下の場合1人以上、以降5人増えるごとに1人以上追加） ・活動援助相談員（介護職員の中から選任） ・常勤の管理者
設置基準	・事業運営に必要な専用の区画 ・サービスの提供に必要な設備、備品	・食堂、機能訓練室、静養室、相談室、事務室、消火設備など ・機能訓練室は定員1名あたり3㎡以上
運営基準	・運営規程に記載する内容 ・勤務体制の確保 ・地域包括支援センターとの連携 ・提供拒否の禁止　など	・運営規程に記載する内容 ・定員の遵守 ・非常災害対策 ・衛生管理　など

書式24 指定申請書

中野区 介護予防・日常生活支援総合事業 第1号事業者

指定申請書

2023 年 3 月 1 日

中野区長 殿

申請者　法人の名称　東京都中野区○○町○—○
　　　　　　　　　株式会社○○○○
代表者の職・氏名　代表取締役 甲野 乙男　代表者印

介護保険法に規定する事業所に係る指定を受けたいので、次のとおり関係書類を添えて申請します。

<table>
<tr><td rowspan="7">申請者</td><td>フリガナ</td><td colspan="6">カブシキガイシャ○○○○</td></tr>
<tr><td>法人の名称</td><td colspan="6">株式会社○○○○</td></tr>
<tr><td>主たる事務所の所在地</td><td colspan="6">(郵便番号 ○○○ － ○○○○)
東京都中野区○○町○－○</td></tr>
<tr><td>連絡先</td><td colspan="2">電話番号 03－○○○○－○○○○</td><td colspan="4">FAX番号 03－○○○○－○○○○</td></tr>
<tr><td>代表者の職名・氏名・生年月日</td><td>職名 代表取締役</td><td>フリガナ</td><td colspan="2">コウノ　オツオ</td><td rowspan="2">生年月日</td><td>○○○○年
○○月○○日</td></tr>
<tr><td></td><td>氏名</td><td colspan="2">甲野　乙男</td><td></td></tr>
<tr><td>代表者の住所</td><td colspan="6">(郵便番号 ○○○ － ○○○○)
東京都中野区○○町○－○</td></tr>
</table>

<table>
<tr><td rowspan="15">指定を受けようとする事業所</td><td colspan="3">フリガナ</td><td colspan="5">デイサービスセンター○○</td></tr>
<tr><td colspan="3">事業所の名称</td><td colspan="5">デイサービスセンター○○</td></tr>
<tr><td colspan="3">事業所の所在地</td><td colspan="5">(郵便番号 ○○○ － ○○○○)
東京都中野区○○町○－○</td></tr>
<tr><td colspan="3" rowspan="2">連絡先</td><td colspan="2">電話番号 03－○○○○－○○○○</td><td colspan="3">FAX番号 03－○○○○－○○○○</td></tr>
<tr><td colspan="5">Email ○○○○@○○.co.jp</td></tr>
<tr><td colspan="2" rowspan="2">同一所在地において行う事業の種類</td><td rowspan="2">実施事業</td><td rowspan="2">指定申請をする事業の事業開始予定年月日</td><td colspan="2">既に指定を受けている事業</td><td rowspan="2">様式</td></tr>
<tr><td>指定年月日</td><td>事業所番号</td></tr>
<tr><td rowspan="2">指定を受けようとする事業の種類</td><td>訪問型サービス　予防訪問サービス</td><td></td><td></td><td></td><td></td><td rowspan="2">付表1</td></tr>
<tr><td>生活援助サービス</td><td>○</td><td>2023年5月1日</td><td></td><td></td></tr>
<tr><td rowspan="2"></td><td>通所型サービス　予防通所サービス</td><td></td><td></td><td></td><td></td><td rowspan="2">付表2</td></tr>
<tr><td>活動援助サービス</td><td>○</td><td>2023年5月1日</td><td></td><td></td></tr>
<tr><td rowspan="3">既に指定を受けている事業の種類</td><td>訪問介護</td><td colspan="5"></td></tr>
<tr><td>通所介護</td><td colspan="5"></td></tr>
<tr><td>地域密着型通所介護</td><td colspan="5"></td></tr>
<tr><td colspan="3">指定を受けている他市区町村名</td><td colspan="5">東京都中野区</td></tr>
</table>

備考
1 「実施事業」欄は、今回申請するもの及び既に指定を受けているものについて、該当する欄に「○」を記入してください。
2 「事業開始予定年月日」欄は、該当する事業の開始予定日（既に指定を受けている場合は指定日）を記載してください。
3 「既に指定を受けている事業の指定年月日」欄は、介護保険法による指定事業者として指定されている事業について記載してください。

書式25　訪問型サービス事業所の指定に係る記載事項

[付表1] 訪問型サービス事業所の指定に係る記載事項

【サービスの種別】※今回申請するサービスに印を付けてください。(複数の場合、1枚で構いません)

☐ 予防訪問サービス　☑ 生活援助サービス

<table>
<tr><td rowspan="4">事業所</td><td>フリガナ</td><td colspan="4">○○ホウモンカイゴ</td></tr>
<tr><td>名　称</td><td colspan="4">○○訪問介護</td></tr>
<tr><td>所在地</td><td colspan="4">(郵便番号 ○○○-○○○○)
東京都中野区○○町○-○</td></tr>
<tr><td>連絡先</td><td>電話番号　03-○○○○-○○○○</td><td>FAX番号</td><td colspan="2">03-○○○○-○○○○</td></tr>
<tr><td></td><td>Email</td><td colspan="4">○○○○@○○.co.jp</td></tr>
</table>

<table>
<tr><td rowspan="6">管理者</td><td>フリガナ</td><td>ヘイヤマ　イチロウ</td><td rowspan="3">住所</td><td>(郵便番号 ○○○-○○○○)</td></tr>
<tr><td>名　称</td><td>丙山　一郎</td><td rowspan="2">東京都中野区○○町○-○</td></tr>
<tr><td>生年月日</td><td>○○年○月○日</td></tr>
<tr><td colspan="2">訪問介護員(生活援助員)等との兼務の有無</td><td colspan="2">有 ・ 無</td></tr>
<tr><td rowspan="2">同一敷地内の他の事業所又は施設
(兼務する場合のみ記入)</td><td>名　称</td><td>事業所番号</td><td></td></tr>
<tr><td>兼務する職種及び勤務時間等</td><td colspan="2"></td></tr>
</table>

<table>
<tr><td rowspan="5">サービス提供責任者</td><td rowspan="5">訪問事業責任者</td><td>フリガナ</td><td>スズキ　ハナコ</td><td rowspan="2">住所</td><td>(郵便番号 ○○○-○○○○)</td></tr>
<tr><td>氏　名</td><td>鈴木　花子</td><td rowspan="2">東京都中野区○○町○-○</td></tr>
<tr><td colspan="2">☐ サービス提供責任者(予防訪問サービス)　☑ 訪問事業責任者(生活援助サービス)</td></tr>
<tr><td>フリガナ</td><td></td><td rowspan="2">住所</td><td>(郵便番号 -)</td></tr>
<tr><td>氏　名</td><td></td><td></td></tr>
<tr><td colspan="4">☐ サービス提供責任者(予防訪問サービス)　☐ 訪問事業責任者(生活援助サービス)</td></tr>
</table>

<table>
<tr><td colspan="5">当該サービス以外に指定を受けている(受ける)サービスに印を付けてください。
☐訪問介護　　☐予防訪問サービス　　☐生活援助サービス</td></tr>
<tr><td rowspan="2">予防訪問サービスの
従業者の員数(人)</td><td colspan="2">訪問介護員</td><td colspan="2" rowspan="2">生活援助サービスの
従業員の員数(人)</td></tr>
<tr><td>専従</td><td>兼務</td></tr>
</table>

<table>
<tr><td rowspan="5">主な掲示事項</td><td colspan="2">営業日・年間の休日</td><td colspan="2">営業日:月火水木金　休日:土日祝</td></tr>
</table>

予防訪問サービスの従業者の員数(人) 訪問介護員 専従 兼務

常　勤(人)

非常勤(人)

常勤換算後の人数(人)

生活援助サービスの従業員の員数(人) 生活援助員 専従 兼務

常　勤(人)　3　1

非常勤(人)

<table>
<tr><td rowspan="7">主な掲示事項</td><td colspan="2">営業日・年間の休日</td><td colspan="2">営業日:月火水木金　休日:土日祝</td></tr>
<tr><td colspan="2">営業時間</td><td colspan="2">9:00～18:00</td></tr>
<tr><td rowspan="2">利用料</td><td>法定代理受領分</td><td colspan="2">負担割合証の割合に準じる</td></tr>
<tr><td>法定代理受領分以外</td><td colspan="2">中野区告示上の額</td></tr>
<tr><td colspan="2">その他の費用</td><td colspan="2">別途運営規程に定める</td></tr>
<tr><td colspan="2">通常の事業実施地域</td><td colspan="2">中野区</td></tr>
</table>

備考　1　記入欄が不足する場合は、適宜欄を設けて記載するか又は別様に記載した書類を添付してください。
　　　2　サービス提供責任者等が3名以上の場合は、[付表1別紙]に記載してください。

254

書式26　通所型サービス事業所の指定に係る記載事項

［付表2］通所型サービス事業所の指定に係る記載事項

【サービスの種別】※今回申請するサービスに印を付けてください。（サービスごとに作成してください。）

□予防通所サービス　☑活動援助サービス

<table>
<tr><td rowspan="6">事業所</td><td>フリガナ</td><td colspan="5">デイサービスセンター○○</td></tr>
<tr><td>名　称</td><td colspan="5">デイサービスセンター○○</td></tr>
<tr><td rowspan="2">所在地</td><td colspan="5">（郵便番号 ○○○ － ○○○○ ）</td></tr>
<tr><td colspan="5">東京都中野区○○町○－○</td></tr>
<tr><td rowspan="2">連絡先</td><td>電話番号</td><td>03－○○○○－○○○○</td><td>FAX番号</td><td>03－○○○○－○○○○</td></tr>
<tr><td>Email</td><td colspan="3">○○○○@○○.co.jp</td></tr>
</table>

<table>
<tr><td rowspan="5">管理者</td><td>フリガナ</td><td colspan="2">ヘイヤマ　イチロウ</td><td rowspan="3">住所</td><td>（郵便番号 ○○○ － ○○○○ ）</td></tr>
<tr><td>氏　名</td><td colspan="2">丙山　一郎</td><td rowspan="2">東京都中野区○○町○－○</td></tr>
<tr><td>生年月日</td><td colspan="2">○○年○月○日</td></tr>
<tr><td>当該事業所で兼務する他の職種
（兼務する場合のみ記入）</td><td colspan="4"></td></tr>
<tr><td>同一敷地内の他の
事業所又は施設
（兼務する場合のみ記入）</td><td>名　称</td><td></td><td>事業所
番号</td><td>事業所番号</td></tr>
</table>

表の続き：

	兼務する職種 及び勤務時間等	

実施 単位数	1　（単位）	事業所で同時にサービスを行う 利用者の上限	10　（人）
食堂及び機能訓練室の合計面積	40　㎡	病院・診療所・訪問看護ステーションと連携している場合の連携先	

当該申請のサービス以外に指定を受けている（受ける）サービス

□通所介護　　　□地域密着型通所介護　　　□予防通所サービス　　　□活動援助サービス
□その他（　　　　　　　　　　　　　）

同一所在地において、活動援助サービスと、通所介護又は地域密着型通所介護、予防通所サービスを提供する場合、該当する実施方法に印をつけてください。

□部屋が別　　　□部屋を区切る　　　□時間帯を分ける　　　□曜日を分ける
□その他（　　　　　　　　　　　　　）

<table>
<tr><td rowspan="4">①
単
位
目</td><td rowspan="2">単位別
従業者の
職種・員数</td><td colspan="2">生活相談員</td><td colspan="2">看護職員</td><td colspan="2">介護職員</td><td colspan="2">機能訓練指導員</td><td rowspan="2">当該単位で同時にサービスを行う
食堂及び機能訓練室の面積</td></tr>
<tr><td>専従</td><td>兼務</td><td>専従</td><td>兼務</td><td>専従</td><td>兼務</td><td>専従</td><td>兼務</td></tr>
<tr><td>常　勤（人）</td><td></td><td></td><td></td><td></td><td>3</td><td>1</td><td></td><td></td><td></td></tr>
<tr><td>非常勤（人）</td><td></td><td></td><td></td><td></td><td></td><td></td><td></td><td></td><td>40　㎡</td></tr>
</table>

当該単位で次の一体的なサービスを提供する場合は、該当するものに印を付けてください。

□　通所介護　　　　　　　　　＋　　　予防通所サービス
□　地域密着型通所介護　　　　＋　　　予防通所サービス

<table>
<tr><td rowspan="6">主
な
掲
示
事
項</td><td>利用定員</td><td>［単位ごとの定員　①10 人　②　　　人　③　　　人］</td></tr>
<tr><td>営業日</td><td>［単位ごとの営業日］
① 月火水木金　②　　　　　　　③
［その他年間の休日］
土日祝</td></tr>
<tr><td>営業時間・
サービス提供時間</td><td>［営業時間］　9：00 ～17：00
［単位ごとのサービス提供時間（送迎時間を除く）］
①　9：30 ～ 16：30　②　：　～　：　③　：　～　：</td></tr>
<tr><td>利用料</td><td>法定代理受領分
法定代理受領分以外</td></tr>
<tr><td>食事の提供に要する費用</td><td>昼食 550円　おやつ 50円</td></tr>
<tr><td>通常の事業実施地域</td><td>中野区</td></tr>
</table>

備考　1　記入欄が不足する場合は、適宜欄を設けて記載するか又は別様に記載した書類を添付してください。
　　　2　複数の単位を実施する場合は、2単位目以降の従業者の職種・員数については、「付表2別紙」に記載し、
　　　　　あわせて提出してください。
　　　3　従業者の人数については、総数を記載してください。
　　　4　当該サービス以外のサービスを実施する場合には、当該サービス部分とそれ以外のサービス部分の料金
　　　　　の状況が分かるような料金表を提出してください。

【監修者紹介】
若林　美佳（わかばやし　みか）
1976年神奈川県生まれ。神奈川県行政書士会所属。平成14年行政書士登録。相武台行政書士事務所（平成22年2月に行政書士事務所わかばに名称を変更）を設立。病院勤務等の経験を生かし開業当初から、福祉業務に専念し、医療法人・社会福祉法人設立等法人設立を主要業務としている。また、福祉法務に関するエキスパートとして地域の介護支援専門員等との交流を深め、福祉ネットワークを組んでいる。介護保険分野では、多くの介護サービス事業所や特別養護老人ホーム設置等を手がけ、創業・運営についてコンサルティングも行っている。また、株式会社大樹苑の代表取締役に就任し、住宅型有料老人ホームの経営も行っている。
監修書に『介護ビジネス開業のための法律と実践書式46』『障害者総合支援法のしくみと福祉施設運営手続きマニュアル』『図解で早わかり 最新版 福祉の法律と手続き』『図解とQ&Aでスッキリ！障害者総合支援法のしくみ』『介護保険・障害者総合支援のしくみと疑問解決マニュアル129』『介護施設・高齢者向け住宅のしくみと疑問解決マニュアル』『よくわかる障害者総合支援法』『図解 福祉の法律と手続きがわかる事典』『図解で早わかり 福祉サービスの法律と手続き』（小社刊）などがある。

行政書士事務所 わかば
http://www.mikachin.com/kaigoindex

事業者必携
入門図解
介護施設の法律問題・施設管理と介護サービス申請手続き

2023年3月30日　第1刷発行

監修者	若林美佳
発行者	前田俊秀
発行所	株式会社三修社
	〒150-0001　東京都渋谷区神宮前2-2-22
	TEL　03-3405-4511　FAX　03-3405-4522
	振替　00190-9-72758
	https://www.sanshusha.co.jp
	編集担当　北村英治
印刷所	萩原印刷株式会社
製本所	牧製本印刷株式会社

©2023 M. Wakabayashi Printed in Japan
ISBN978-4-384-04912-1 C2032